O DESENCANTAMENTO DO MUNDO

Coleção ELOS

Equipe de realização:
Tradução dos textos complementares Marcio Honorio de Godoy
Coordenação de edição Luiz Henrique Soares e Elen Durando
Preparação e revisão Elen Durando, Luiz Henrique Soares, Marcio
    Honorio de Godoy e Ricardo W. Neves
Produção Ricardo W. Neves e Sergio Kon.

PIERRE BOURDIEU

O DESENCANTAMENTO DO MUNDO

ESTRUTURAS ECONÔMICAS E ESTRUTURAS TEMPORAIS

APRESENTAÇÃO: ELISA KLÜGER
TRADUÇÃO: SILVIA MAZZA

EDIÇÃO REVISTA E AUMENTADA

PERSPECTIVA

Título do original em francês
Travail et travailleur en Algérie

© Laurent Bourdieu, 2021.

Textos originais em francês:
"Le Sens de l'honneur" e "La Maison Kabyle ou le monde renversé", extraídos de *Esquisse dùne théorie de la pratique. Précédé de "Trois études d'ethnologie kabyle"*, de Pierre Bourdieu.

© Éditions du Seuil, 2000.

Dados Internacionais de Catalogação na Publicação (CIP)
(Câmara Brasileira do Livro, SP, Brasil)

Bourdieu, Pierre, 1930-2002
    O desencantamento do mundo : estruturas econômicas e estruturas temporais / Pierre Bourdieu ; tradução Silvia Mazza, [Marcio Honorio de Godoy] ; apresentação Elisa Klüger. – 2. ed. rev. e aumentada. – São Paulo : Perspectiva, 2021. – (Elos ; 19)

    Título original: *Travail et travailleur en Algérie*
    ISBN 978-65-5505-054-7

    1. Argélia – Condições econômicas 2. Capitalismo 3. Desenvolvimento econômico I. Klüger, Elisa. II. Título III. Série.

21-60658   CDD-330.965

Índices para catálogo sistemático:
1. Argélia : Condições econômicas 330.965

Maria Alice Ferreira - Bibliotecária - CRB-8/7964

Direitos reservados em língua portuguesa à

EDITORA PERSPECTIVA LTDA.

Av. Brigadeiro Luís Antônio, 3025
01401-000 São Paulo SP Brasil
Telefax: (11) 3885-8388
www.editoraperspectiva.com.br
2021

SUMÁRIO

Apresentação – *Elisa Klüger* 9

Prefácio 31

Introdução 35

  1. Reprodução Simples e Tempo Cíclico 45

  2. Necessidades Contraditórias e Condutas
      Ambíguas 75

  3. Esperanças Subjetivas e Probabilidades
      Objetivas 103

  4. As Condições Econômicas da Transformação
      das Disposições Econômicas 121

Conclusão 159

Anexos

    O Senso de Honra. 163

    A Casa Cabila ou o Mundo Invertido 211

APRESENTAÇÃO

Os textos que compõem o livro *O Desencantamento do Mundo: Estruturas Econômicas e Estruturas Temporais* resultam de longas pesquisas, simultaneamente etnográficas e quantitativas, conduzidas por Pierre Bourdieu (1930–2002) em parceria com colegas que trabalhavam na Association Algérienne pour la Recherche Démographique Économique et Sociale (ARDES), com destaque para os franceses Claude Seibel (1934) e Alain Darbel (1932–1975). Essas pesquisas tiveram curso em condições excepcionais, posto terem sido conduzidas em meio à violenta guerra de independência da Argélia. Bourdieu portava uma autorização que permitia atravessar os bloqueios militares e conduzir as investigações em áreas fortemente afetadas pelos conflitos, e empunhava a câmera fotográfica com a qual retratou os mais diversos aspectos da vida argelina[1]. A presença, em

---

1   Para Bourdieu, fotografar fazia parte do processo de descoberta da Argélia e de sua população e era crucial ao trabalho etnográfico. Centenas de fotos tiradas na Argélia e reflexões sobre o estatuto da fotografia em sua trajetória encontram-se reunidas em: Pierre Bourdieu, *Picturing Algeria*, ed. Franz Schultheis, Christine Frisinghelli e Craig Calhoun, New York: Columbia University Press, 2012.

sua equipe, de alunos da Faculdade de Letras de Argel, dentre os quais Abdelmalek Sayad (1933–1998), e de guias locais, como Salah Bouhedja, abria portas, apaziguava desconfianças do lado argelino e aperfeiçoava a interpretação dos dados coletados. Juntos, eles viajaram por cidades e vilarejos de diversas regiões para observar, entrevistar e aplicar questionários[2].

A pesquisa era, para Pierre Bourdieu, uma forma de descrever a sociedade que observava e de se despojar do seu sentimento de culpa e revolta, posicionando-se face às injustiças que testemunhou nos cinco anos passados na Argélia. Com efeito, a sua conversão à "etnossociologia" (imbricação de etnologia e sociologia) decorreu, argumenta ele, do compromisso com um engajamento civil prático, em contraposição à postura escolástica da filosofia. Em 1955, quando foi enviado para a Argélia pelo governo francês, Bourdieu desenvolvia, precisamente, uma tese de doutorado em filosofia que versaria sobre "as estruturas temporais da vida afetiva". Ele cumpriu suas obrigações militares de 1955 a 1958, trabalhando sobretudo no serviço de documentação da administração francesa em Argel. A função de gabinete permitia que se dedicasse, em paralelo, aos estudos que fundamentariam a sua tese. Seu olhar, afeição e interesse científico voltavam-se, contudo, progressivamente para a Argélia e para as tensões políticas e sociais que o circundavam. Bourdieu dedicou-se avidamente a estudar e a retratar

2   Ver S. Bouhedja, "Il était un parmi les dix": l'enquête sur les camps de regroupement', *Awal – Cahiers d'études berbères*, v. 28, n. 27; P. Bourdieu, Algerian Landing, *Ethnography*, v. 5, n. 4, p. 433; M.F. Garcia-Parpet, Des outsiders dans l'économie de marché. Pierre Bourdieu et les travaux sur l'Algérie, *Awal – Cahiers d'études berbères*, n. 27–28, p. 143; M.A. Lescourret, *Pierre Bourdieu: Vers une économie du bonheur*, p. 89–94; A. Sayad, Entrevista Colonialismo e Migrações, *Mana – Estudos de Antropologia Social*, v. 2, n. 1, p. 161; C. Seibel, Les Liens entre Pierre Bourdieu et les statisticiens à partir de son expérience algérienne, *Courrier des statistiques*, n. 112.

os habitantes e seus modos de vida e pôs-se a investigar os impactos da gestão colonial sobre as estruturas sociais, enfatizando as rupturas provocadas pela transformação das práticas econômicas e a desestruturação das formas tradicionais de habitação, agregação e socialização[3].

Suas primeiras incursões no estudo da vida local deram origem ao pequeno volume *Sociologie de l'Algerie* (1958), publicado na coleção didática da editora Presses Universitaires de France (Que sais-je?). O livro fundamenta-se em estudos etnográficos precedentes e descreve, para o público francês metropolitano, os grupos que compunham a sociedade argelina e suas tradições, além de versar sobre a situação colonial. O crescente interesse pela Argélia fez com que, ao longo dos anos, Bourdieu fizesse anotações cada vez mais sistemáticas sobre a sociedade que o circundava e o fascinava. Para tanto, combinou observações etnográficas das roupas, das casas, das estruturas matrimoniais, das práticas culturais, gravou conversas, conduziu entrevistas e mergulhou em arquivos[4].

Ao se desligar do serviço militar, em 1958, ele passou a atuar como professor assistente na Faculdade de Letras de Argel, posição que lhe permitiu dar continuidade aos estudos sobre a Argélia e cercar-se de alunos argelinos que se tornaram informantes e interlocutores cruciais. Ao se aproximar do Serviço Estatístico da Argélia em busca de dados para suas pesquisas, Bourdieu teceu vínculos com jovens estatísticos franceses que se encarregavam de alguns dos estudos sociodemográficos em curso. Três grandes enquetes datam desse período: um recenseamento populacional,

---

3 Ver P. Bourdieu, Algerian Landing, op. cit., p. 415–420, 423 e 433; idem, A Retrospective on the Algerian Experience, *Political Interventions*, p. 22; idem, *O Desencantamento do Mundo*; A. Sayad, Entrevista Colonialismo e Migrações, op. cit., p. 159.

4 Ver P. Bourdieu, Algerian Landing, op. cit., p. 419 e 423.

um estudo sobre o emprego[5] e outro sobre as condições de habitação. Ele colaborou diretamente com os estatísticos nas pesquisas sobre emprego e moradia, aportando uma perspectiva etnossociológica que permitia adensar a descrição e favorecia a crítica e a interpretação dos dados quantitativos coletados por meio de questionários[6].

O trabalho coletivo e a combinação metodológica são ingredientes fundamentais da originalidade das pesquisas resultantes dessa parceria. A estatística permitia mapear grandes tendências – em tópicos como as fontes e o volume de renda, o tipo de ocupação, o modo de habitação e os gastos associados à moradia –, ao passo que a sociologia e a etnografia buscavam destrinchar o sentido das ações dos indivíduos. A combinação metodológica possibilitava também que se questionasse a transposição irrefletida de instrumentos de recenseamento e planificação desenvolvidos na metrópole, sinalizando as diferenças nas visões de mundo vigentes na colônia. Um exemplo paradigmático dessa disjunção transparece na baixa taxa de respondentes que indicavam estar desempregados – em uma sociedade na qual era latente a dificuldade de acesso ao trabalho. A interpretação qualitativa possibilitou averiguar que a definição da categoria trabalho era distinta na sociedade argelina. No caso, ele era tido como um sinônimo do ato de se ocupar, e estar sempre ocupado era uma questão de honra fundamental. O indivíduo "digno" respondia, portanto, ter um

---

5   O estudo sobre o emprego, por exemplo, baseou-se em respostas a 1200 questionários básicos e 200 questionários aprofundados – com questões adicionais sobre o tipo de emprego e os recursos monetários e não monetários à disposição dos agentes –, além de sessenta entrevistas relativas às trajetórias de vida dos agentes, incluindo informações sobre a origem geográfica, a estrutura familiar e as relações sociais. Ver C. Seibel, Les Liens entre Pierre Bourdieu et les statisticiens à partir de son expérience algérienne, op. cit., p. 22.

6   Ibidem.

trabalho, mesmo que exercesse atividades sem rentabilidade monetária[7].

Essas enquetes respondiam, a princípio, a demandas governamentais e deveriam subsidiar a elaboração de políticas de "integração" voltadas à redução das tensões sociais que alimentavam os conflitos políticos. Os estudos assumiram, não obstante, tonalidade crítica, apontando os efeitos perversos e os danos irremediáveis da desagregação da cultura e da economia tradicional decorrentes da introdução do capitalismo colonial na Argélia[8]. Tais reflexões figuram, inicialmente, em artigos como "Révolution dans la révolution" (1961), publicado na revista *Esprit*, e em "De la guerre révolutionnaire à la révolution", que integra o livro *L'Algérie de demain* (1962), organizado pelo economista François Perroux[9]. Na sequência, Bourdieu publicou *Travail*

---

7 Ver P. Bourdieu, Colonialism and Ethnography: Foreword to Pierre Bourdieu's *Travail et Travailleurs en Algérie*, Anthropology Today, v. 19, n. 2, p. 17; idem, infra, p. 112; C. Seibel, Les Liens entre Pierre Bourdieu et les statisticiens à partir de son expérience algérienne, op. cit., p. 20–22; A. Sayad, Entrevista Colonialismo e Migrações, op. cit., p. 160; M.F. Garcia-Parpet, A Gênese Social do "Homo-Economicus": A Argélia e a Sociologia da Economia em Pierre Bourdieu, *Mana – Estudos de Antropologia Social*, v. 12, n. 2, p. 343.

8 Ver P. Bourdieu, Colonialism and Ethnography, op. cit.; A. Sayad, Entrevista Colonialismo e Migrações, op. cit., p. 160.

9 François Perroux (1903–1987) trabalhou "desde os anos 1940 na elaboração de uma teoria capaz de explicar as realidades de um mundo que se globalizava: ele tentou construir uma nova coerência teórica que assumia a desigualdade dos agentes, suas estratégias e o espaço geográfico, sublinhando, porém, a força organizadora do efeito de dominação [...] que excede necessariamente o econômico" (C. Furtado, Retorno à Visão Global de Perroux e Prebisch, *Cadernos do Desenvolvimento*, v. 7, n. 10, p. 300). Os escritos de Bourdieu sobre a Argélia alinham-se, pois, fortemente com a perspectiva analítica de Perroux e, assim, indiretamente, com a abordagem estruturalista do desenvolvimento produzida a partir da Comissão Econômica Para a América Latina (Cepal), igualmente influenciada pelos escritos de Perroux (A.P.S. Cruz, Introdução, em A.B. de Castro; C. Lessa, *Introdução à Economia*, p. 11).

et travailleurs en Algérie (1963), principal obra resultante da parceria com os estatísticos Alain Darbel, Jean-Paul Rivet e Claude Seibel, e *Le Déracinement: La Crise de l'agriculture traditionnelle en Algérie* (1964), fruto da parceria com seu aluno, amigo e colaborador Abdelmalek Sayad. Em 1972, Bourdieu reuniu ensaios etnográficos e sistematizou achados teóricos provenientes das pesquisas sobre a Argélia em *Esquisse d'une théorie de la pratique: précédé de "Trois études d'ethnologie kabyle"*.

Em 1977, foi publicado em francês o volume *Algérie 60: Structures économiques et structures temporelles*, versão condensada e desprovida da análise estatística do argumento sociológico apresentado em *Travail et travailleurs en Algérie*. Em 1979, foi publicado em português pela editora Perspectiva com o título *O Desencantamento do Mundo*, em sequência à publicação da coletânea de escritos de Bourdieu *A Economia das Trocas Simbólicas* (1974), com introdução de Sérgio Miceli. Na edição de 2021, a editora Perspectiva agrega ao *Desencantamento do Mundo* dois ensaios etnográficos presentes no livro *Esquisse d'une théorie de la pratique*: "A Casa Cabila ou o Mundo Invertido" e "O Senso de Honra". A nova edição favorece, pois, o contraste entre os ensaios que descrevem os sistemas sociais e modos de vida tradicionais da região da Cabília e o texto "O Desencantamento", que analisa o esfacelamento de tais estruturas quando da introdução do capitalismo colonial.

O leitor poderá, nesse ponto, indagar-se acerca das motivações que convidam à reedição ampliada do *Desencantamento do Mundo* em língua portuguesa. Afinal, é cabível questionar que interesse o livro suscitaria entre aqueles que não procuram, especificamente, aprofundar seus conhecimentos relativos às configurações sociais da Argélia dos anos 1950 e 1960. Em resposta, destacaremos que os textos que compõem esse volume versam sobre temáticas muito diversificadas, como as relações de sociabilidade e solidariedade comunitária, a divisão sexual do trabalho, a introdução das disposições necessárias ao cálculo econômico e à gestão monetária, a transição nos modos de morar e na relação da família com o espaço doméstico, as noções de trabalho e formas de busca de emprego, podendo cativar públicos com interesses variados.

Argumentaremos e procuraremos demonstrar também, ao longo desta apresentação, que o *Desencantamento* é uma obra crucial na fundamentação de perspectivas sociológicas críticas sobre a economia e sobre os ditos processos de desenvolvimento econômico e social. A partir de evidências empíricas, Bourdieu narra o processo de desagregação dos arranjos econômicos tradicionais e examina as condições sociais específicas de gestação das disposições econômicas associadas ao capitalismo. Ao descrever o processo cultural, histórico e geograficamente específico de gênese das práticas econômicas e explicitar a sua variabilidade em função das posições sociais dos agentes, ele contradiz os modelos econômicos neoclássicos – calcados na figura etnocêntrica de um *homo economicus* supostamente atemporal e universal, com visões de mundo unívocas e motivações racionais e indiferenciadas[10]. Tal confronto será cultivado ao longo de sua obra, especialmente no volume *Les Structrures sociales de l'économie* (2000).

As observações que ele tece a respeito do caráter específico do desenvolvimento das disposições econômicas capitalistas, em imersão nas estruturas sociais precedentes, convidam, ademais, a refletir comparativamente acerca dos efeitos das configurações sociais e culturais pré-existentes nas trajetórias nacionais de desenvolvimento. Abordagem pertinente, inclusive, ao estudo do processo de desenvolvimento brasileiro, como demonstram os estudos pioneiros

10 Ver M.F. Garcia-Parpet, A Gênese Social do "Homo-Economicus", op. cit., p. 341 e 351.

sobre o Nordeste, conduzidos a partir dos anos 1970 por antropólogos ligados ao Museu Nacional do Rio de Janeiro. Inspirados nas formulações teóricas e nos métodos de pesquisa adotados por Bourdieu, seus escritos versam sobre a introdução dos circuitos monetários, a transformação das concepções e relações de trabalho, a alteração da relação com o tempo, a migração e o desenraizamento camponês, dentre outros temas centrais ao *Desencantamento*[11].

Finalmente, ressaltaremos que as pesquisas sobre a sociedade argelina representam um momento crucial da formação epistemológica e política e marcam o início do trabalho etnossociológico de Pierre Bourdieu, autor que figura entre os cientistas sociais do século xx com maior influência e reconhecimento internacional. Os textos que integram este livro ocupam, com efeito, um lugar de destaque na história das ciências sociais, introduzindo alguns dos principais elementos do esquema analítico bourdieusiano. Dentre as contribuições presentes nos escritos sobre a Argélia, sobressai-se, notadamente, a formulação acerca do processo de constituição do *habitus* em função da posição social e do percurso dos agentes, seguida de observações relativas à influência que o *habitus* exerce na conformação de visões de futuro, bem como na definição das estratégias mobilizadas pelos agentes ao tomar decisões e agir no mundo. Tal desenvolvimento teórico enquadrou e embasou o vasto conjunto de estudos nos quais Bourdieu delineou a distribuição relacional das práticas e tomadas de posição dos agentes, em função de suas origens sociais e trajetórias, com destaque para o célebre volume *La Distinction* (1979).

11 Ver A. Garcia, O Desenraizamento Brasileiro, em P. Encrevé; R.M. Lagrave (orgs.), *Trabalhar Com Bourdieu*; E. Klüger; L.V.H. Krohn, Por uma Sociologia da Economia de Cunho Etnográfico e Histórico: Entrevista Com Marie France Garcia-Parpet, *Tempo Social*, v. 31, n. 2; J.S.L. Lopes, Pierre Bourdieu et le renouveau des enquêtes ethnologiques et sociologiques au Brésil, *Awal – Cahier d'études berbères*, v. 27–28.

A reflexão relativa às percepções de futuro e estratégias de ação dos agentes que desponta dos estudos sobre a Argélia respondia inicialmente a indagações, presentes no espírito do seu tempo, acerca do potencial revolucionário das massas depauperadas das sociedades coloniais. Embora Bourdieu não atuasse em agregações partidárias e não se posicionasse, ainda, como um intelectual público ativista, os debates da esquerda francesa trasvasavam seus escritos. Questionamentos acerca do destino social e político da Argélia emanavam da luta contra uma administração colonial à qual se imputava a substituição do modo de vida camponês pela combinação de miséria, desenraizamento e precariedade. Largos contingentes populacionais haviam sido deslocados de suas terras, elemento que estava no cerne da vida social, econômica e comunitária argelina. Às desapropriações somavam-se, ainda, o desalojamento, a migração de massivos contingentes (aproximadamente 25% da população) e a degradação das condições de habitação[12].

Nos artigos "Révolution dans la révolution" (1961) e "De la guerre révolutionnaire à la révolution" (1962), Bourdieu discute precisamente se haveria um potencial revolucionário embutido na tumultuada sociedade argelina. Ele explica, ao contrário, que as revoltas observadas se tratavam, primordialmente, de confrontos com o sistema colonial, não configurando engajamentos revolucionários face a opressões econômicas e sociais. Para uma parte da população, a luta anticolonial teria representado um momento de aquisição de consciência política e de gestação de aspirações de transformação social. Para muitos, em contrapartida, a longa guerra gerou mormente um sentimento

---

12 Ver P. Bourdieu, Revolution in the Revolution, *Political Interventions*, p. 9–11; M.A. Lescourret, op. cit., p. 48; A. Sayad, Entrevista Colonialismo e Migrações, op. cit., p. 160.

difuso de ressentimento, desespero e desconexão, decorrente das mutilações de seus modos de vida, trabalho e habitação. Nesse sentido, ainda que a população rural despojada de suas terras, os desempregados e o subproletariado urbano formassem contingentes potencialmente revolucionários, seu senso de revolta era desorganizado e desmunido de um projeto de futuro nítido, desembocando frequentemente em devaneios ou resignações fatalistas[13].

No *Desencantamento do Mundo*, Bourdieu investiga as "condições sociais de adoção de uma nova concepção do futuro"[14]. Ele assevera que um engajamento em prol de transformações sociais sistemáticas requereria, primeiramente, que o indivíduo ocupasse uma posição social que lhe permitisse superar o desespero associado à gestão imediata das privações e que lhe aprovisionasse das disposições culturais implicadas na formação de uma consciência revolucionária ordenada e de um projeto claro de futuro. Ao longo do livro, ele examina o modo como a consciência das condições econômicas e o potencial de organização de expectativas coerentes em relação ao futuro variam em função da posição social ocupada pelos agentes – ou seja, segundo o acesso ou não a empregos formais e remuneração fixa, a maior ou menor distância das necessidades econômicas imediatas, o contato ou não com a educação formal e o bilinguismo, a incorporação ou não de disposições relativas ao cálculo e a previsão de longo prazo etc.[15]. A correlação observada é, então, sintetizada na seguinte fórmula: "a cada uma das condições econômicas e sociais

---

13 Ver P. Bourdieu, Revolution in the Revolution, *Political Interventions*, p. 8; idem, From Revolutionary War to Revolution, *Political Interventions*, p. 14–16; ver infra, aqui em *O Desencantamento do Mundo*, p. 114, 119 e 160.

14 A. Garcia, O Desenraizamento Brasileiro, em P. Encrevé; R.M. Lagrave (orgs.), op. cit., p. 310.

15 Ver infra, p. 32, 95, 109-110, 134 e 161.

corresponde um sistema de práticas e de disposições organizado em torno da relação com o futuro que aí se acha implicado"[16]. O *habitus* de classe, desse modo conformado, unificaria "as disposições que supõem a referência prática ao futuro objetivo, quer se trate da resignação ou da revolta contra a ordem atual ou da aptidão a submeter as condutas econômicas à previsão e ao cálculo"[17].

No caso da sociedade argelina, a própria ideia de que o futuro poderia ser premeditado, planejado e alterado era pouco disseminada no período estudado. O olhar em relação ao futuro é, com efeito, um elemento central do retrato que Pierre Bourdieu tece acerca do descompasso entre as disposições para agir previamente cultivadas pelos argelinos e as novas situações objetivas, decorrentes da introdução do capitalismo colonial e da dissolução dos modos de vida tradicionais. Ele etnografou coletividades centradas no labor da terra nas quais as condutas eram regidas de acordo com modelos herdados e códigos de honra partilhados. E relata que, nessas comunidades, "contar os ovos da ninhada ou medir os grãos reservados para semente seria presumir o futuro e, com isso, comprometê-lo, 'fechá-lo' ou 'interrompê--lo'"[18]. O camponês honrado deveria submeter-se ao poder da natureza, aceitar seus encantos e mistérios, respeitar a temporalidade cíclica do trabalho da terra e participar dos rituais mágicos que a ela rendem homenagem. Disciplinar a

---

16 Ibidem, p. 121. Bourdieu desdobrará e refinará a fórmula aqui esboçada em obras posteriores. Ele enfatizará, notadamente, o caráter processual da formação do *habitus* no curso de trajetórias que transitam entre diferentes pontos do espaço social e situará, de maneira relacional, as posições e disposições dos agentes. A incorporação, no plano metodológico, das análises de correspondências múltiplas acompanha tal transformação teórica, viabilizando a representação das posições relacionais no espaço social, em função de suas propriedades sociais, recursos econômicos, culturais etc.

17 Ibidem, p. 159.

18 Ibidem, p. 56.

terra, tratá-la como matéria bruta e tentar calcular e antever o seu rendimento, ao contrário, eram atitudes que expressavam avidez, precipitação e desrespeito aos desígnios da natureza[19].

A censura ao espírito de cálculo manifestava-se igualmente no plano da gestão das atividades comunitárias e na repartição dos frutos do trabalho. Nessas comunidades, a ocupação voltava-se essencialmente ao cumprimento de tarefas e encargos emanados do pertencimento ao coletivo, inexistindo uma divisão estrita entre a função econômica e a função social das atividades produtivas. O valor do trabalho, no caso, não estava atrelado ao lucro ou à produtividade individual, senão à adequação às necessidades de reprodução coletiva e à obediência aos procedimentos rituais, sendo, pois, incomensurável. O fruto do trabalho não era, portanto, quantificado em função das despesas ou repartido de acordo com a contribuição objetiva de cada um à produção, não cabendo aferir ou comparar o aporte e o consumo de cada indivíduo. A interdição do cálculo evita, consequentemente, a singularização e a diferenciação dos membros do coletivo, sendo crucial à indivisão da propriedade da família e à coesão das comunidades[20].

O advento do capitalismo colonial descolou progressivamente o funcionamento da economia dos códigos de honra que presidiam a integração social. A troca é dissociada da relação; o empréstimo, do vínculo social; o bem, da fruição; e a ação produtiva passa a ser concebida mormente como um ato economicamente motivado e idealmente rentável. A introdução da moeda e a remuneração individualizada fazem com que os diferentes trabalhos possam ser comparados e hierarquizados, bem como aqueles que os realizam. Desvalorizam-se, consequentemente, as funções

19 Ibidem, p. 56, 59, 65-66 e 72.
20 Ibidem, p. 57, 58-60, 79 e 91.

sociais que não aportam frutos contabilizáveis e aqueles que as exercem, notadamente idosos e mulheres apartados do mundo do trabalho assalariado e relegados a situações de profunda dependência. A disseminação da moeda e a multiplicação das interações econômicas impessoais concorrem, ademais, para a generalização da abstração e do espírito de cálculo previamente denegado. A relação com o tempo é, por conseguinte, adulterada, já que o indivíduo é compelido a gerir o presente de modo a assegurar a disponibilidade futura de recursos monetários. Para tanto, deve aprender a parcelar o seu capital e investir lucrativamente, adiando a fruição do presente em prol de uma possível ampliação do proveito no futuro[21].

Não é fortuita, portanto, a adoção, como título do livro, da expressão "desencantamento do mundo", disseminada por Max Weber. O desencantamento, tal qual narrado por ele, é um processo histórico e geograficamente situado que contempla tanto uma transição religiosa, com a eliminação progressiva das visões mágicas e crescente domínio das religiões éticas e ascéticas, quanto uma transição na gestão das práticas e formas de racionalização, com paulatino domínio do cálculo e do raciocínio científico[22]. A análise weberiana revela que a racionalização e o cálculo, subjacentes às práticas capitalistas, não eram inerentes aos agentes, mas foram desdobramentos específicos de uma transformação das estruturas culturais e da consciência econômica associadas a uma transição de natureza religiosa ocorrida no mundo ocidental. No caso da Argélia, o desencantamento também é um evento histórico e geograficamente situado. Ele não decorre, entretanto, de uma mudança interna das visões de mundo, derivando especificamente da desagregação

---

21 Ibidem, p. 50, 53-54, 58-59, 93-94 e 97.

22 A.F. Pierucci, *O Desencantamento do Mundo: Todos os Passos do Conceito em Max Weber*.

do sistema produtivo rural tradicional em decorrência da ocupação colonial e da introdução abrupta do capitalismo, obrigando à "adaptação das disposições e das ideologias a estruturas econômicas importadas e impostas"[23].

Ao descrever o desencantamento argelino, Bourdieu ressalta que as disposições mentais e práticas associadas ao sistema capitalista não se difundem de maneira imediata e homogênea, subsistindo discordâncias entre as disposições dos agentes e as novas estruturas econômicas. O livro oferece descrições densas acerca das dificuldades, absurdos, descompassos e também das reorganizações criativas que emergem da justaposição dos dois modos de vida. Ele narra, por exemplo, como a introdução da moeda e do trabalho assalariado, conjugada à reduzida oferta de emprego formal e à baixa qualificação profissional da população, desemboca na aparição de uma miríade de ocupações informais não lucrativas. Tais atividades visavam, mormente, garantir a conformidade simbólica ao código de honra precedente, que recomendava estar sempre ocupado, mesmo que do ponto de vista econômico fossem desprovidas de rentabilidade e, portanto, de sentido[24].

A ilustração mais minuciosa dos descompassos oriundos da sobreposição de sistemas econômicos e sociais desponta, por sua vez, do contraste entre os coexistentes modos de habitação tradicional, precários e modernos. Em "A Casa Cabila"[25], Bourdieu descreve a estrutura típica do lar dos camponeses da região da Cabília e conecta as polaridades observadas no espaço físico a divisões que estruturam a

23 Ver infra, p. 40.
24 Ibidem, p. 92; From Revolutionary War to Revolution, *Political Interventions*, p. 15.
25 O texto foi inicialmente publicado em 1969, em um número em homenagem a Claude Lévi-Strauss, cujo estruturalismo funcionava tanto como referência analítica para Bourdieu quanto como objeto recorrente de suas críticas.

vida social e a repartição do trabalho entre os sexos. No espaço da casa, opõe-se, de forma homóloga,

> fogo : água :: cozido : cru :: alto : baixo :: luz : sombra :: dia : noite :: masculino : feminino :: *nif* : *ḥurma*[26] :: fecundante : fecundável :: cultura : natureza. Mas, na verdade, as mesmas oposições existem entre a casa em seu conjunto e o resto do universo. Considerada em sua relação com o mundo externo, mundo propriamente masculino da vida pública e do trabalho agrícola, a casa, universo das mulheres, mundo da intimidade e do segredo, é *ḥaram* [...][27].

A desapropriação das terras e o êxodo rural massivo durante o domínio colonial apartaram as populações das residências conectadas à terra, provocando uma crise da estrutura habitacional e uma dissolução da coerência simbólica entre a natureza, a vida social e a habitação. Os contingentes deslocados para as cidades findavam, frequentemente, em residências precárias, em bairros antigos ou favelas, nas quais várias famílias jaziam reunidas, partilhando custos e compensando mutuamente as privações e irregularidades no fluxo de renda. Tais habitações, portanto, nem representavam o espaço familiar homólogo ao universo rural, nem eram conformes ao modelo de habitação moderna unifamiliar de matriz capitalista. Por estarem a meio caminho entre os dois padrões, elas ensejavam adaptações originais ao cenário urbano, permitindo que subsistissem na cidade formas de sociabilidade comunitária e relações de entreajuda características do arranjo social precedente[28].

A habitação moderna unifamiliar, em contrapartida, implicava o pagamento regular do aluguel e impedia a

---

26 Para uma definição e contextualização do par *nif* e *ḥurma*, ver infra, O Senso de Honra, p. 192-194.

27 Ver infra, A Casa Cabila..., p. 221.

28 Ver infra, p. 139-142.

divisão dos custos da moradia. O aluguel, como transação impessoal e rotineira, ocupava o centro da economia doméstica, proibia a irregularidade do emprego e obrigava a racionalizar todas as despesas, impelindo à adoção do espírito de cálculo e de previsão capitalista. A habitação moderna promove, igualmente, transformações nos modos de morar, nas práticas cotidianas e nas formas de interação social. A mobília, antes escassa, deve ser adquirida para preencher o espaço. As tarefas, antes partilhadas, são agora realizadas pela mulher isolada na moradia. A habitação, antes inserida na comunidade, é agora afastada do núcleo de origem, apartando os moradores de sua parentela e desprovendo-os de seus laços sociais e fontes de ajuda mútua. O apartamento enseja, assim, "dificuldades materiais por vezes intransponíveis e ao mesmo tempo aspirações inacessíveis"[29]. Tais dificuldades são superadas tão somente nos casos em que o trabalho se torna regular e a renda é elevada a ponto de permitir que se arque com as despesas e se desfrute do estilo de vida atrelado à moradia moderna[30].

A minuciosa ilustração do processo desigual e descompassado de transformação dos modos de vida e das disposições econômicas e culturais na Argélia subsidia, por sua vez, a crítica de Bourdieu a teorias econômicas que supõem a existência de um *homo œconomicus* universal, com uma racionalidade calculadora pré-estabelecida e um conjunto dado de preferências. No *Desencantamento*, ele demonstra empiricamente que o cálculo, a capacidade de poupar, o uso do crédito, os projetos de investimento e o conceito de rentabilidade futura, dentre outras práticas econômicas próprias ao sistema capitalista, requerem disposições que não são naturais ou igualmente distribuídas, mas historicamente gestadas e desigualmente repartidas em

29 Ibidem, p. 152.
30 Ibidem, p. 136, 114–150 e 154–155.

função das posições sociais dos agentes. Assim, uma ciência econômica a-histórica e desatenta aos efeitos da cultura na geração das práticas não poderia ser apurada, transpondo para outras sociedades, de maneira irrefletida, esquemas teóricos delineados para explicar o capitalismo ocidental e as formas de racionalidade específicas que nele se fizeram dominantes[31].

Ao contrapor-se à ciência econômica dominante e oferecer um novo enquadramento para a investigação dos processos de transição socioeconômicos, os escritos de Bourdieu sobre a Argélia contribuem, de forma cabal, com os estudos sociológicos da economia e do desenvolvimento. As observações tecidas por ele alimentam a crítica a teorias etapistas, que concebem a existência de uma sequência natural e necessária de transformações econômicas e sociais a ser percorrida no processo de desenvolvimento – seja, no caso das teorias da modernização, para implantar sociedades de consumo de massa nos moldes capitalistas-ocidentais; seja, no caso de algumas teorias marxistas, para atravessar o capitalismo em direção à revolução[32]. Perspectivas histórico-comparativas propunham, à época, que se observassem as diferenças nas estruturas de classe e de poder internas aos países e que se considerasse a posição de cada país no sistema internacional para compreender as variações nas trajetórias de desenvolvimento[33]. A abordagem bourdieusiana acrescenta uma camada analítica, ao demonstrar o interesse em esmiuçar, em diferentes contextos, os modos de incorporação das disposições e das categorias econômicas e examinar sua variação e dissonâncias em função da posição social dos agentes.

31 Ibidem, p. 31-32, 41-42.
32 Ver, por exemplo, W.W. Rostow, *As Etapas do Desenvolvimento Econômico*, p. 12–24; ver infra, p. 76–77.
33 Ver, por exemplo, F.H. Cardoso; E. Faletto, *Dependência e Desenvolvimento na América Latina*, p. 23–31.

A perspectiva etnossociológica cultivada por Bourdieu na Argélia fomentou, nessa direção, a observação cotejada dos ritmos e descompassos das transformações das disposições culturais e econômicas na sua própria região de origem e o despontar de uma reflexividade em relação a sua própria trajetória social[34]. O trabalho coletivo e a combinação metodológica empregados no estudo da Argélia transportam-se, igualmente, para a metrópole, fundando um programa amplo de investigação centrado no exame das variações nos *habitus* em função das posições sociais e das trajetórias e, simultaneamente, na análise relacional das práticas e das tomadas de posição em função dos *habitus*. O *dépaysement* – expressão que indica a alteração de perspectivas e ruptura de hábitos provocada pelo deslocamento para países ou regiões distintos – foi, portanto, um ponto de inflexão fundamental na trajetória de Bourdieu e um momento crucial na moldagem de seu olhar, na escolha de seus objetos de estudo e na conformação de suas práticas de pesquisa.

Os escritos que compõem *O Desencantamento do Mundo* não se encerram, portanto, na análise específica do caso argelino, mas convidam a pensar, por comparação e contraste, como, em outras sociedades – com outras composições populacionais, outras cosmologias, outras estruturas produtivas, outros sistemas educacionais, outras formas habitacionais, outras histórias coloniais etc. –, se processaram e se processam transformações de natureza econômica, social e política e correlativas transmutações nos *habitus* dos agentes. Do ponto de vista metodológico, a leitura convoca a meditar, de maneira crítica, acerca da construção e transposição de categorias analíticas advindas de outros cenários e a valorizar a combinação de técnicas de pesquisa empíricas e a

---

34 Ver P. Bourdieu, Algerian Landing, op. cit., p. 436; idem, *Le Bal des célibataires.*

multiplicação dos pontos de vista por elas aportados. Finalmente, a obra estimula o leitor a se *dépayser* por meio de uma imersão densa na narrativa sobre outra época e sociedade.

*Elisa Klüger**

REFERÊNCIAS BIBLIOGRÁFICAS

BOUHEDJA, Salah. "Il était un parmi les dix": L'enquête sur les camps de regroupement'. *Awal – Cahiers d'études berbères*, v. 28, n. 27, 2003.

BOURDIEU, Pierre. Révolution dans la révolution. *Esprit*, v. 1, n. 291, 1961.

_____. De la guerre révolutionnaire à la révolution. In: PERROUX, François (org.). *L'Algérie de Demain*. Paris: PUF, 1962.

_____. *Esquisse d'une théorie de la pratique: Précédé de "Trois études d'ethnologie kabyle"*. Genève: Droz, 1972.

_____. *A Economia das Trocas Simbólicas*. Introdução, organização e seleção de Sergio Miceli. São Paulo: Perspectiva, 1974.

_____. *Algérie 60*. Paris: Minuit, 1977.

_____. *O Desencantamento do Mundo*. São Paulo: Perspectiva, 1979.

_____. *La Distinction*. Paris: Minuit, 1979.

_____. *Esquisse d'une théorie de la pratique précédé de Trois études d'ethnologie kabyle*. Paris: Seuil, 2000.

_____. *Les Structrures sociales de l'économie*. Paris: Seuil, 2000.

_____. *Le Bal des célibataires: Crise de la société paysanne en Béarn*. Paris: Seuil, 2002.

---

* Doutora em Sociologia e graduada em Relações Internacionais pela Universidade de São Paulo. Atualmente, é pesquisadora de pós-doutorado no Centro Brasileiro de Análise e Planejamento e foi pesquisadora de pós-doutorado visitante associada na Universidade de Princeton, com bolsa da Fundação de Amparo à Pesquisa do Estado de São Paulo (Fapesp).

_____. Colonialism and Ethnography: Foreword to Pierre Bourdieu's "Travail et Travailleurs en Algérie". *Anthropology Today*, v. 19, n. 2, 2003.

_____. Algerian Landing. *Ethnography*, v. 5, n. 4, 2004.

_____. Revolution in the Revolution. *Political Interventions: Social Science and Political Action*. London: Verso, 2008.

_____. From Revolutionary War to Revolution. *Political Interventions: Social Science and Political Action*. London: Verso, 2008.

_____. A Retrospective on the Algerian Experience. *Political Interventions: Social Science and Political Action*. London: Verso, 2008.

BOURDIEU, Pierre; ABDELMALEK, Sayad. *Le Déracinement. La Crise de l'agriculture traditionnelle en Algérie*. Paris: Minuit, 1964.

BOURDIEU, Pierre et al. *Travail et travailleurs en Algérie*. Paris/La Haye: Mouton, 1963.

CARDOSO, Fernando Henrique; FALETTO, Enzo. *Dependência e Desenvolvimento na América Latina: Ensaio de Interpretação Sociológica*. Rio de Janeiro: Zahar, 1970.

CRUZ, Aníbal Pinto Santa. Introdução. In: CASTRO, Antonio Barros de; LESSA, Carlos. *Introdução à Economia: Uma Abordagem Estruturalista*. Rio de Janeiro: Forense-Universitária, 1977.

FURTADO, Celso. *Desenvolvimento e Subdesenvolvimento*. Rio de Janeiro: Contraponto, 2009.

_____. Retorno à Visão Global de Perroux e Prebisch. *Cadernos do Desenvolvimento*, v. 7, n. 10, 2012.

GARCIA, Afrânio. O Desenraizamento Brasileiro. In: ENCREVÉ, Pierre; LAGRAVE, Rose-Marie (orgs.). *Trabalhar Com Bourdieu*. Rio de Janeiro: Bertrand Brasil, 2005.

GARCIA-PARPET, Marie France. Des outsiders dans l'économie de marché. Pierre Bourdieu et les travaux sur l'Algérie. *Awal – Cahiers d'études berbères*, n. 27–28, 2003.

_____. A Gênese Social do "Homo-Economicus": A Argélia e a Sociologia da Economia em Pierre Bourdieu. *Mana – Estudos de Antropologia Social*, v. 12, n. 2, 2006.

KLÜGER, Elisa; KROHN, Lilian Verena Hoenigsberg. Por uma Sociologia da Economia de Cunho Etnográfico e Histórico: Entrevista Com Marie France Garcia-Parpet. *Tempo Social*, v. 31, n. 2, 2019.

LESCOURRET, Marie-Anne. *Pierre Bourdieu: Vers une économie du bonheur*. Paris: Flammarion, 2008.

LOPES, José Sérgio Leite. Pierre Bourdieu et le renouveau des enquêtes ethnologiques et sociologiques au Brésil. *Awal – Cahier d'études berbères*, v. 27–28, n. espécial "L'autre Bourdieu", 2003.

PIERUCCI, Antônio Flávio. *O Desencantamento do Mundo: Todos os Passos do Conceito em Max Weber*. São Paulo: Editora 34, 2003.

ROSTOW, Walt Whitman. *As Etapas do Desenvolvimento Econômico: Um Manifesto Não Comunista*. Rio de Janeiro: Zahar, 1978.

SAYAD, Abdelmalek. Entrevista: Colonialismo e Migrações. *Mana – Estudos de Antropologia Social*, v. 2, n. 1, 1996.

SEIBEL, Claude. Les Liens entre Pierre Bourdieu et les statisticiens à partir de son expérience algérienne. *Courrier des statistiques*, n. 112, 2004.

PREFÁCIO

Redigido em 1963, tendo em vista a edição em língua estrangeira, este livro é uma versão condensada, isto é, despojada do aparato de provas (quadros estatísticos, trechos de entrevistas, documentos etc.) da obra editada em 1963 com o título *Travail et travailleurs en Algérie*, que apresentava os resultados de um conjunto de pesquisas etnográficas e estatísticas realizadas na Argélia entre 1958 e 1961[1].

Não se trata de um acaso a interrogação sobre as relações entre as estruturas e os *habitus* ter sido formulada a partir de uma situação histórica na qual ela se se inseria, por assim dizer, dentro da própria realidade sob a forma de uma *discordância* permanente entre as disposições econômicas dos agentes e o mundo econômico no qual estes deveriam agir. Nas situações de transição de uma economia pré-capitalista para uma economia capitalista, a abstração objetivista em que se encontram neomarginalistas e estrutural-marxistas, denuncia-se tão fortemente

---

[1] Dever-se-á fazer referência a essa obra para encontrar, além dessas informações, tudo o que concerne à metodologia da pesquisa (amostragem, questionário etc.) e à análise dos resultados.

que seria preciso tornar-se cego para reduzir os agentes econômicos a simples reflexos das estruturas objetivas e para deixar de pôr a questão da gênese das disposições e das condições econômicas e sociais desta gênese. Produzidas por uma categoria particular de condições materiais de existência, objetivamente definida sob a forma de uma estrutura particular de probabilidades objetivas – um *futuro objetivo* –, as disposições a respeito do futuro, estruturas estruturadas, funcionam como estruturas estruturantes, orientando e organizando as práticas econômicas da existência cotidiana, operações de compra, de poupança ou de crédito, assim como as representações políticas, resignadas ou revolucionárias. Aqueles que, como se costuma dizer, não têm futuro, possuem poucas possibilidades de formar o projeto, individual, de criar seu futuro ou de trabalhar no advento de um outro futuro coletivo. É na relação com o futuro, objetivamente inscrito nas condições materiais de existência, que reside o princípio da distinção entre o subproletariado e o proletariado, entre a disposição para a revolta das massas desarraigadas e desmoralizadas e as disposições revolucionárias dos trabalhadores organizados que têm um suficiente domínio de seu presente para poderem empreender a retomada de seu próprio futuro.

Ao reler este texto já antigo, teria desejado apurar e sistematizar as análises, nelas investindo tudo o que foi sendo acumulado em trabalhos ulteriores (de maneira especial, a *Esquisse d'une théorie de la pratique* [Esboço de uma Teoria da Prática]); mas estava por demais conscientizado da vaidade de todas as formas de "trabalho teórico" que não se sustentam em um trabalho empírico sobre as coisas (isto é, no caso presente, em um novo trabalho de campo, que por ora não me é possível realizar), e por essa razão renunciei a tais intentos.

Para Alain Darbel

Pois, nada é mais certo, o desespero tem sobre nós quase que o mesmo efeito da felicidade e mal conhecemos a impossibilidade de satisfazer o desejo e o próprio desejo se desvanece.

D. HUME, *Tratado da Natureza Humana*

INTRODUÇÃO

Aqueles que colocam a pergunta ritual dos obstáculos culturais ao desenvolvimento econômico interessam-se de modo exclusivo (isto é, abstrato) pela "racionalização" das condutas econômicas e descrevem como resistências, imputáveis somente à herança cultural (ou, pior ainda, a este ou aquele de seus aspectos, o Islã, por exemplo), todas as omissões para com o modelo abstrato da "racionalidade", tal como a define a teoria econômica. Paradoxalmente, a mesma filosofia do desenvolvimento econômico, que reduz a antropologia a uma dimensão da economia, produz a ignorância das *condições econômicas* que determinam a adoção de um comportamento econômico "racional" e pretende que o homem das sociedades pré-capitalistas acabe se convertendo em homem "desenvolvido" para poder desfrutar das vantagens econômicas de uma economia "desenvolvida".

A antropologia cultural também não escapa à abstração, quando considera um simples efeito do "contato cultural" nas transformações das sociedades pré-capitalistas, descrevendo-a como "mudança cultural" ou "aculturação". Ela tende a ignorar que a transformação do sistema dos modelos culturais e dos valores não é o resultado de uma simples combinação lógica entre os modelos importados e os modelos originais, sendo ao mesmo tempo consequência e condição das transformações econômicas; tal transformação só se realiza pela medição da experiência e da prática de indivíduos diferentemente situados em relação ao sistema econômico. É assim, por exemplo, que, no interior da sociedade camponesa mais homogênea, aparentemente à primeira vista, a análise estatística detecta diferenças nas disposições econômicas que podem ser referidas a diferenças nas condições econômicas[1]: a economia monetária e o sistema das disposições a ela inerentes se desenvolvem em ritmo mais ou menos veloz nas diferentes classes sociais, segundo seu tipo de atividade e sobretudo segundo a intensidade e a duração de seus contatos anteriores com a economia monetária, e essas desigualdades de ritmo tendem a aumentar as clivagens entre os grupos[2]. Esse único exemplo é suficiente para lembrar uma verdade quase sempre ignorada pelos economistas e antropólogos: as desigualdades diante da economia "racional" e diante da "racionalidade" econômica ou, então, os ritmos desiguais (segundo os indivíduos e os grupos) da transformação das atitudes econômicas são fundamentalmente o reflexo das desigualdades econômicas e sociais.

Em consequência, a lógica da transformação das práticas toma formas diferentes, segundo as situações econômicas e sociais nas quais ela se realiza. De fato, a prática econômica (que se pode sempre medir de modo abstrato em uma escala

1 Cf. Pierre Bourdieu e Abdelmalek Sayad, *Le Déracinement. La Crise de l'agriculture traditionnelle en Algérie*, Paris: Minuit, 1964.

2 Se os etnólogos recorrem tão raramente ao método estatístico, não é somente porque sua formação e a tradição de sua disciplina não os encorajam a usar essa técnica pouco familiar, mesmo quando ela se impõe, como acontece no estudo das mudanças culturais, mas é também porque eles pensam quase sempre na lógica do "modelo" e da "regra".

de graus de "racionalidade" econômica) abriga a referência à condição de classe: o sujeito dos atos econômicos não é o *Homo economicus*, mas o homem real que faz a economia. Portanto, considerando que as práticas (econômicas ou de outro tipo) de cada agente têm como raiz comum a relação que esse agente mantém objetivamente – pela mediação do *habitus* que é, por sua vez, o produto de um tipo determinado de condição econômica – com o futuro objetivo e coletivo que define sua situação de classe, somente uma sociologia das disposições temporais consegue superar a questão tradicional que consiste em saber se a transformação das condições de existência antecede e condiciona a transformação das disposições ou o oposto, e ao mesmo tempo determinar de que maneira a condição de classe pode estruturar toda a experiência dos sujeitos sociais, a começar por sua experiência econômica, sem agir por intermédio de determinações mecânicas ou de uma tomada de consciência adequada e explícita da verdade objetiva da situação.

Patrimônio objetivado de uma outra civilização, herança de experiências acumuladas, técnicas de remuneração ou de comercialização, métodos de contabilidade, de cálculo, de organização, o sistema econômico importado pela colonização tem a necessidade de um "cosmos" (como diz Weber) no qual os trabalhadores se veem jogados e cujas regras eles devem aprender para sobreviver. Por conseguinte, na maioria dos países do Terceiro Mundo, a situação é totalmente diferente daquela que ocorreu nos primórdios do capitalismo, a despeito de todas as eventuais analogias. Werner Sombart escrevia que "na fase do capitalismo nascente, é o empresário que faz o capitalismo, ao passo que na fase mais avançada é o capitalismo que faz o empresário"[3]. E ele

3 *Der Bourgeois*, 1913. Tradução francesa: *Le Bourgeois*, Paris: Payot, 1926, p. 235.

próprio fornecia matizes a esta fórmula esclarecedora, mas simplificadora:

> Não esqueçamos que no início do capitalismo as organizações capitalistas ainda não existiam senão isoladamente e que elas foram criadas em sua maioria por homens que não eram absolutamente capitalistas; que o conjunto de conhecimentos e de experiências ainda era muito pouco importante, que esses conhecimentos e experiências deviam ainda ser adquiridos, experimentados, acumulados; que, no início os meios para dirigir uma empresa capitalista estavam ainda para serem criados e que o sistema contratual não podia se desenvolver senão penosamente, em relação aos progressos extremamente vagarosos da lealdade e da fidelidade à palavra dada, ao compromisso aceito. Pode-se julgar daí o grau de decisão, de livre iniciativa, de arbitrariedade mesmo, que era então exigido de cada empresário[4].

Se a parte do livre-arbítrio e mesmo da arbitrariedade é tão grande, quer dizer que, como o indica Sombart, a formação do que ele chama de "psicologia econômica" e a constituição do sistema econômico realizaram-se paralelamente, pois elas se achavam numa relação dialética de dependência e de prioridade recíprocas.

A especificidade da situação de dependência econômica (cujo limite é representado pela situação colonial) consiste no fato de que a organização econômica e social não é o resultado de uma evolução autônoma da sociedade que se transforma segundo sua lógica interna, mas de uma mudança exógena e acelerada, imposta pelo poderio imperialista. Por conseguinte, a parcela de livre decisão e de arbítrio deixada a critério dos actantes econômicos parece reduzir-se a nada; e poder-se-ia acreditar que, por oposição a seus homólogos dos primórdios do capitalismo, eles não têm aqui outra escolha senão adaptar-se ao sistema importado. De fato, agentes criados dentro de uma tradição cultural totalmente diferente

4   Ibidem.

só conseguem se adaptar à economia monetária às custas de uma reinvenção criadora que não tem nada a ver com uma acomodação forçada, puramente mecânica e passiva. Nisso eles estão mais próximos do empresário das origens do que dos agentes econômicos das sociedades capitalistas. À medida que evolui, a organização econômica tende a se impor como um sistema quase autônomo que espera e exige do indivíduo um certo tipo de prática e de disposições econômicas: adquirido e assimilado insensivelmente por meio da educação implícita e explícita, o espírito de cálculo e de previsão tende, desse modo, a aparecer como incontestável, porque a "racionalização" é a atmosfera da qual se alimenta.

As técnicas materiais que a conduta econômica exige no sistema capitalista são inseparáveis, como foi muitas vezes demonstrado, de uma "filosofia vivida", elaborada lentamente no decorrer da história e transmitida tanto pela primeira educação fundamental, a cargo do grupo familiar, quanto pela educação formal, como observa Sombart:

> À medida que se impunha a necessidade de racionalizar a economia, a descoberta de meios apropriados para satisfazer essa necessidade se tornava, para um grande número de pessoas, uma ocupação autônoma, principal ou secundária. Milhares e milhares de pessoas, desde os professores que ensinam os princípios da economia privada em nossas escolas de comércio até os incontáveis contadores, calculadores, fabricantes de todas as espécies de máquinas automáticas, empenham hoje toda a sua atividade e suas habilidades para procurar e aplicar os melhores métodos capazes de assegurar o bom andamento dos negócios. Os empregados e os operários das grandes empresas são estimulados com prêmios para contribuir com o avanço do racionalismo econômico.[5]

Para mostrar até que ponto a economia tende a moldar desde a infância o *habitus* econômico, basta citar uma

5   Ibidem., p. 417.

anedota "típico-ideal" (relatada pelos jornais de 29 de outubro de 1959): os estudantes secundários de Lowestoft (Inglaterra) haviam criado um seguro contra os castigos, cada segurado tendo direito a 4 xelins por palmada. Mas diante dos abusos, o presidente, um garoto de treze anos, teve que prever uma cláusula suplementar segundo a qual a sociedade não era responsável pelos acidentes voluntários.

Para o homem das sociedades pré-capitalistas, esses pressupostos constituem outras tantas contribuições alheias que é mister adquirir laboriosamente: o novo sistema de disposições não é elaborado no vazio; ele se constitui a partir das disposições costumeiras que sobrevivem ao desaparecimento ou à desagregação de suas bases econômicas e que não podem ser adaptadas às exigências da nova situação objetiva senão ao preço de uma transformação criadora. Relativamente reduzida tanto no capitalismo nascente como na sociedade capitalista avançada, a discordância entre os *habitus* e as estruturas da economia é neste caso tão grande quanto possível. Por não se transformarem no mesmo ritmo das estruturas econômicas, disposições e ideologias correspondentes a estruturas econômicas diferentes, ainda atuais ou já caducas, coexistem na sociedade global e, por vezes, nos mesmos indivíduos. Mas a complexidade dos fenômenos se acha ainda redobrada pelo fato de que tanto os resíduos do modo de produção pré-capitalista como as disposições que lhes são inerentes se mantêm em circunstâncias adversas. Em consequência, tanto ao nível das estruturas econômicas quanto ao das disposições, das representações e dos valores, observa-se a mesma dualidade, como se essas sociedades não fossem contemporâneas de si próprias.

Tomar por objeto primeiro da análise o processo de adaptação das disposições e das ideologias a estruturas econômicas importadas e impostas, quer dizer, a reinvenção de um novo sistema de disposições, que se realiza sob a pressão da necessidade econômica, não significa sucumbir ao subjetivismo psicologista que consistiria em considerar que as disposições dos sujeitos econômicos engendram a estrutura das relações objetivas, econômicas ou sociais, nem ao etnocentrismo essencialista (por vezes, bastante associado ao subjetivismo) que tende a fazer do desejo de maximizar a utilidade ou a preferência ao princípio que governa toda atividade econômica. Embora não exprima uma regularidade universal da atividade econômica, a teoria da utilidade marginal ressalta um aspecto fundamental das sociedades modernas, a tendência à "racionalização" (formal) que afeta todos os aspectos da vida econômica.

> O caráter próprio à época capitalista e – um na raiz da outra – a importância da teoria da utilidade marginal (assim como de toda a teoria do valor) para a compreensão desta época consistem em que, do mesmo modo como a história econômica de um sem-número de épocas do passado foi chamada acertadamente de "a história do não econômico" nas condições presentes da vida; a aproximação dessa teoria e da vida era, é, e pelo que se pode julgar, será cada vez maior e deverá determinar o destino de camadas cada vez mais amplas da humanidade. É desse fato histórico-cultural que deriva o significado heurístico da teoria da utilidade marginal[6].

Deste fato histórico-cultural, o devir recente da sociedade argelina é um caso particular: o *processus* de adaptação à economia capitalista, que se pode aí observar, lembra o que a simples consideração das sociedades capitalistas avançadas poderia fazer esquecer, sabendo que o funcionamento de todo sistema econômico é ligado à existência de um sistema determinado de disposições em relação ao mundo, e mais precisamente em relação ao tempo – porque

---

6   Max Weber, *Die Grenznutzenlehre und das "psychophysische Grundgesetz" – Gesammelte Aufsatze zur Wissenchaftslehre*, p. 372, citado por Oskar Lange, *Economie politique*, t. I, *Problèmes généraux*, Paris: PUF, 1962, p. 396.

o sistema econômico e as disposições se acham aí em harmonia relativa, com a "racionalização" se estendendo aos poucos para a economia doméstica, corre-se o perigo de ignorar que o sistema econômico se apresenta como um campo de expectativas objetivas que não saberiam ser realizadas senão por meio de agentes dotados de um certo tipo de disposições econômicas e, mais extensivamente, temporais. Por conseguinte, se a descrição do sistema capitalista aperfeiçoado pode se ater (pelo menos em aproximação rudimentar) às propriedades objetivas, a saber, por exemplo, a previsibilidade e a calculabilidade, subsiste que nas sociedades em vias de desenvolvimento a discordância entre as estruturas objetivas e as disposições é tal que a construção de uma teoria econômica adaptada iria talvez supor que se renuncie, pelo menos neste caso, a efetuar a dedução dos comportamentos do sistema tal como ele é, ou pior, tal como gostaríamos que fosse.

Além do mais, a observação da confrontação dramática entre um cosmos econômico que se impõe e agentes econômicos que nada prepara para recobrar sua intenção profunda obriga a refletir sobre as condições de existência e de funcionamento do sistema capitalista, isto é, sobre as disposições econômicas que ele favorece e, ao mesmo tempo, exige. Nada é mais estranho (ou indiferente) à teoria econômica do que o sujeito econômico concreto: em vez de a economia ser um capítulo da antropologia, a antropologia não é senão um apêndice da economia e o Homo economicus, o resultado de uma maneira de dedução *a priori* que tende a encontrar confirmação na experiência, pelo menos estatisticamente, porque o sistema econômico, em via de "racionalização", tem os meios para moldar os agentes de conformidade às suas exigências: dada a pergunta implícita ou explícita sobre como deve ser o homem econômico para que a economia capitalista seja possível, tende-se a considerar as categorias da consciência econômica própria ao capitalista como outras tantas categorias universais, independentes das condições econômicas e sociais; correlativamente, se está exposto a ignorar a gênese, tanto coletiva quanto individual, das estruturas da consciência econômica.

A adaptação a uma ordem econômica e social, qualquer que seja ela, supõe um conjunto de conhecimentos transmitidos pela educação difundida ou específica, ciências práticas solidárias a um *éthos* que permitem agir com razoáveis probabilidades de sucesso. É assim que a adaptação a uma organização econômica e social, tendendo a assegurar a previsibilidade e a calculabilidade, exige uma disposição determinada em relação ao tempo e, mais precisamente, em relação ao futuro, sendo que a "racionalização" da conduta econômica supõe que toda a existência se organiza em relação a um ponto de fuga ausente e imaginário. Para compreender o *processus* de adaptação à economia capitalista e, mais precisamente, para explicar suas lentidões e suas dificuldades, parece ser necessário analisar, mesmo que sumariamente, a estrutura da consciência temporal que está associada à economia pré-capitalista.

CAPÍTULO 1

REPRODUÇÃO SIMPLES
E TEMPO CÍCLICO

É verdade que nada é mais estranho à economia pré-capitalista do que a representação do futuro como campo de possíveis pertencente ao cálculo "explorar e dominar"; todavia, não se saberia concluir daí, como foi feito muitas vezes, que o camponês seja incapaz de ter em mira um futuro longínquo, pois que a desconfiança a respeito de toda tentativa de se apossar do futuro coexiste sempre com a previsão necessária para repartir no tempo uma boa colheita, por vezes num período de vários anos. De fato, a poupança que consiste em prelevar, em vista do consumo futuro, uma parte dos bens diretos (isto é, aptos a oferecer a qualquer momento uma satisfação imediata, tais como esses bens de consumo de que se rodeia o camponês e que constituem a garantia evidente de sua segurança) supõe ter por alvo um "por vir" virtualmente encerrado no presente diretamente percebido; ao contrário, a acumulação de bens indiretos que podem concorrer à produção de bens diretos sem serem fonte em si mesmos de satisfação alguma não toma sentido senão em relação a um *futuro* construído pelo cálculo. "Prever [dizia Cavaillès] não significa ver de antemão". A pré-vidência (como "ver de antemão") distingue-se da previsão na medida em que o futuro que ela apreende está diretamente inscrito na própria situação tal como pode ser percebida por meio de esquemas de percepção e de apreciação técnico-rituais inculcados por condições materiais de existência, elas próprias apreendidas através dos mesmos esquemas de pensamento: a decisão econômica não é determinada pela tomada em consideração de um alvo explicitamente assentado enquanto futuro como aquele estabelecido pelo cálculo no âmbito de um plano; a ação econômica se orienta em direção a um "por vir" diretamente inserido dentro da experiência ou estabelecido por todas as experiências acumuladas que constituem a tradição.

Assim, de um modo geral, o camponês empenha suas despesas em função da renda obtida pela produção precedente e de modo algum pela renda que espera obter; além disso, em caso de colheita excedente, ele tende a tratar o trigo ou a cevada suplementares como bens diretos, preferindo acumulá-los em vista do consumo antes de semeá-los e aumentar a esperança da colheita futura e assim sacrificar o futuro da produção ao futuro do consumo. Longe de serem ditadas pelo desejo perspectivo de um futuro projetado, as condutas de previdência obedecem ao cuidado de se conformarem aos modelos herdados: desse modo, o que interessa à honra exige que, mesmo que não se possua romãzeiras, se guardem as sementes de romã que são colocadas no cuscuz servido aos *khammès*[1] ou aos vizinhos quando da primeira saída dos bois para a lavoura; ou que se guarde carne salgada em vista das festas. Ainda recentemente, a dona de casa tinha orgulho em constituir uma reserva especial, chamada de *thiji* composta por tudo

1   Rendeiro que recebe um quinto da renda da propriedade que cultiva. (N. da E.)

o que de melhor havia sido produzido: as melhores frutas (figos, uvas passas, romãs, nozes etc.), o óleo extraído das melhores azeitonas, a melhor manteiga etc.[2] Nesse campo como em outra parte, as normas éticas são, indissociavelmente, imperativos rituais e a homologia que une a fecundidade da casa e a fecundidade da terra faz da poupança, que garante a plenitude da casa (*laminara ukham*), um ritual propiciatório e um ato econômico ao mesmo tempo. Do mesmo modo, um sem-número de comportamentos que poderiam parecer investimentos obedece a uma lógica que não é a do cálculo econômico racional: é assim que as aquisições de terras que se multiplicaram à medida que as bases econômicas da antiga sociedade se desmoronavam, com a generalização das trocas monetárias e a crise correlativa do *éthos* camponês, têm sido muitas vezes determinadas, até pouco tempo atrás, pela preocupação de evitar que a terra familiar viesse a cair nas mãos de uma família estranha. Do mesmo modo, o sentimento de honra ainda está na origem de muitas das iniciativas inovadoras que se observam, há cerca de cinquenta anos, no campo do equipamento agrícola e doméstico e não é raro que as competições de prestígio entre os dois "partidos" em que se dividem a maioria das aldeias ou, então, entre duas grandes famílias as tenham conduzido a se proverem, umas e outras, dos mesmos equipamentos, moendas para óleo, moinhos a motor, caminhões etc., sem terem preocupação com a rentabilidade.

Numa economia agrícola em que o ciclo de produção pode ser abrangido de relance, sendo que os produtos se renovam geralmente no espaço de um ano, o camponês não

---

2   A dominação da economia de mercado determina uma transposição do *pró* para o *contra* da hierarquia dos valores que é expressa nessa tradição, impondo, de um lado, que se reserve ao mercado os produtos de primeira qualidade e, por outro, introduzindo hábitos de consumo bem feitos para justificar o abandono da tradição da *thiji* e a pesquisa de renda monetária (por exemplo, a introdução do café, que suplantou o uso dos figos).

mais dissocia seu trabalho do produto "por vir" do qual está "prenhe" do que distingue, no ano agrário, o tempo de trabalho do tempo de produção, período durante o qual sua atividade é praticamente suspensa. Ao contrário, a duração do ciclo de produção é aí geralmente muito mais longa, a economia capitalista supõe a constituição de um futuro mediato e abstrato, devendo o cálculo racional suprir a ausência de intuição do *processus* em seu conjunto. Mas, para que tal cálculo seja possível, é preciso reduzir a variação entre o tempo de trabalho e o tempo de produção, bem como a dependência correlativa em relação aos *processus* orgânicos; é preciso, em outras palavras, que se rompa a unidade orgânica que unia o presente do trabalho a seu "por vir", unidade que não é senão a dos *ciclos* indivisíveis e não analisáveis *de reprodução* ou a do próprio produto, como é mostrado pela comparação de uma técnica artesanal que fabrica produtos completos com a técnica industrial fundada na especialização e no desmembramento das tarefas. Compreende-se que as medidas que tendem a modificar a duração tradicional dos ciclos agrários e que exigem que se sacrifique um interesse imediatamente tangível a um interesse abstrato (como a que oferecia aos agricultores construir gratuitamente paliçadas baixas onde árvores seriam plantadas) tenham encontrado, junto aos camponeses argelinos, oposições que não têm sido levantadas (bastante parcialmente, aliás) senão diante do sucesso dos trabalhos empreendidos nas terras dos colonos europeus, sequiosos por se beneficiarem dessas vantagens. De maneira mais geral, se os planos não suscitam muitas vezes senão a incompreensão ou o ceticismo, é porque, fundados sobre o cálculo abstrato e supondo a ação da incerteza da adesão ao oferecimento familiar, eles são atingidos pela irrealidade do imaginário: como se a planificação racional estivesse para a previdência costumeira como uma demonstração racional está para uma "mostra" por corte e dobramento; um projeto não pode encontrar a adesão a não ser que proponha resultados concretos e imediatamente perceptíveis ou tenha a caução de uma "garantia" reconhecida e respeitada (assim como o preceptor nas aldeias cabilas).

Do mesmo modo, se os camponeses argelinos manifestaram por longo tempo uma forte desconfiança a respeito do dinheiro, é que, em relação à estrutura temporal que exige, a permuta monetária está para a troca assim como a acumulação capitalista está para a poupança.

> As permutas se faziam, antigamente, em espécie conforme equivalências fixadas pela tradição: "No Tell, o nômade permutava uma medida de tâmaras contra três medidas de cevada, ou uma meia medida de trigo contra três medidas de tâmaras."[3] Em 1939, a equivalência de permuta se estabelecia desse modo, segundo Augustin Berque: um quintal de trigo = um carneiro = vinte litros de óleo = dois quintais de uva ou de damascos = um quintal de figos = trezentos quilos de carvão = um quintal e um terço de cevada. O pagamento dos *khammès* e dos associados ou os empréstimos eram feitos em espécie, na maioria das aldeias da Cabília, até a Segunda Guerra Mundial. O trabalho de ferreiro era pago com cereais; os trabalhos de olaria ainda eram permutados, até uma época recente, contra o seu conteúdo por figos ou por trigo. Às vezes, a permuta em espécie tem se mantido, reinterpretando-se em função da lógica da permuta monetária: desse modo, já que o trigo custa duas vezes mais caro no verão do que na época da colheita, quem pede emprestado nessa época deve devolver o dobro do trigo que recebeu. Em toda parte, ainda cinquenta anos atrás, os mercados motivaram trocas diretas de mercadorias antes de trocas comerciais que necessitavam do recurso ao crédito ou do uso da moeda. Esta, quando intervinha, representava especialmente o papel de aferidor das permutas: é assim que a cotação dos produtos em numerário reproduziu por longo tempo suas equivalências

3   A. Bernard e N. Lacroix, *L'Evolution du nomadisme en Algérie*, Argel: A. Jourdan, 1906, p. 207.

de permuta tal como era estabelecida na época em que as transações se faziam por meio de troca.

Enquanto o objeto permutado confia diretamente na intuição, o uso que dele poderá ser feito e que nele se acha inscrito ao mesmo título que o peso, a cor e o gosto, o dinheiro, bem indireto por excelência, não é fonte em si mesmo de satisfação alguma (como o lembra a fábula do felá que morreu em pleno deserto ao lado da pele de carneiro cheia de moedas de ouro, que ele tinha acabado de descobrir); o uso futuro que ele indica é longínquo, imaginário e indeterminado. Com o dinheiro fiduciário, não mais se possuem as coisas, mas os signos de seus signos: "um produto [diz-se] vale mais do que seu equivalente [em dinheiro]"; "adquira produtos antes de dinheiro".

Instrumento que serve não importa a quem, não importa onde, não importa para qual operação de permuta, "que somente serve para poder servir a tudo", o dinheiro permite em primeiro lugar a previsão de um uso indeterminado e a quantificação da infinidade dos usos cuja virtualidade ele encerra, autorizando por aí uma verdadeira contabilidade das esperanças.

> Se eu não souber qual a quantidade de trigo que poderei comprar com ele, saberei todavia que poderei comprar trigo no futuro; mesmo que o trigo não seja o que eu necessito, sei que poderei me alimentar, me vestir, fazer algo de útil com o ouro.

E alhures:

> É esse poder de antecipação ou de representação, e mesmo de realização antecipada de um valor futuro, que é a função essencial do dinheiro, particularmente, nas sociedades progressivas[4].

4   F. Simiand, La Monnaie, réalité sociale, *Annales sociologiques*, série D, 1934, respectivamente, p. 81 e 80.

Em segundo lugar, pelo fato de que as diferentes imputações de uma soma determinada se excluem desde que se comece a realizá-las, a utilização racional de uma quantidade limitada de dinheiro supõe um cálculo que visa primeiramente determinar os usos futuros que são possíveis no limite dos meios disponíveis e, dentre eles, os que são mutuamente compatíveis; em segundo lugar, definir a escolha "razoável" em relação a uma estrutura hierarquizada de finalidades. Totalmente ao contrário, as mercadorias permutadas na troca, em bases de equivalências tradicionais, comunicam imediatamente seu uso potencial e seu valor que, diversamente do dinheiro, são independentes de toda condição exterior. Também é muito mais fácil gerir "razoavelmente" reservas de bens de consumo do que distribuir, durante um mês inteiro, uma soma de dinheiro ou estabelecer uma hierarquia racional das necessidades e das despesas: a propensão para tudo consumir é infinitamente menor, evidentemente, do que a tendência de realizar de vez o dinheiro possuído. Os cabilas guardam o trigo ou a cevada em grandes jarras de barro furadas em diversos níveis de altura, e a boa dona de casa, responsável pela gestão das reservas, sabe que quando o nível do trigo está abaixo do furo central chamado de *thimit* (o umbigo) é preciso controlar o consumo: o cálculo, como se vê, é feito por si só, e a jarra é como uma ampulheta que permite perceber a cada instante o que não mais existe e o que resta. Em resumo, o uso do dinheiro exige uma conversão análoga à que opera, em outro tipo de contexto, a geometria analítica: a evidência clara, fornecida pela intuição, substitui a "evidência cega", resultante do manejo dos símbolos. Daí por diante, não mais se raciocina sobre os objetos que anunciam de maneira quase tangível e palpável seu uso e a satisfação que prometem, mas sobre signos que não são, em si mesmos, fonte de fruição alguma. Entre o sujeito econômico e as mercadorias ou os serviços que ele espera receber, interpõe-se a cortina do dinheiro. Por conseguinte, agentes econômicos formados por outra lógica econômica devem aprender às suas próprias custas a utilização racional do dinheiro como mediação universal das relações econômicas: a tentação é grande, com efeito, de converter o salário que acabou de ser recebido em bens reais, alimentos, roupa branca, mobília, e não era raro, cerca de cinquenta anos atrás, ver trabalhadores agrícolas gastarem em poucos dias o rendimento de um mês de trabalho; mais recentemente, pôde-se observar práticas análogas quando, entre os nômades do Sul, os pastores, até aquele momento pagos em espécie, começaram a receber um salário em dinheiro.

Sabe-se também que a inaptidão dos rurais para manejar o dinheiro e sua inadaptação às regras jurídicas muito contribuíram para acelerar o movimento de despojo das terras. Desse modo, depois de ter condenado a política que conduzia a espoliar os argelinos de seus trajetos, Viollette observava:

> Abusa-se realmente das expropriações [...]. Em todo o caso, ainda é preciso que, quando houver expropriação, o prejuízo seja compensado com equidade e especialmente que haja para a administração a obrigatoriedade de realojar os expropriados e especialmente os indígenas deveriam ser respeitados [...]. A indenização em dinheiro não tem sentido para o felá. Ele gastará imediatamente esse dinheiro, não poderá capitalizá-lo e nem utilizar a parca renda que poderia lhe ser assegurada por uma operação de aplicação.[5]

Ao se tomar detentores de um título de propriedade autêntica e facilmente alienável, após as rupturas de indivisão favorecidas pelas leis de 26 de julho de 1873 e de 23 de abril de 1897, um sem-número de pequenos proprietários acossado pela miséria foi, então, tentado pelo atrativo

5   M. Viollette, *L'Algérie vivra-t-elle? Notes d'un ancien gouverneur général*, Paris: Alcan, 1931, p. 83-91.

do dinheiro a vender sua terra; pouco familiarizados com o uso do dinheiro, eles bem depressa dissiparam seu pequeno capital e se acharam obrigados a arrendar-se como trabalhadores agrícolas ou então a fugir em direção à cidade.

De todas as instituições e técnicas econômicas introduzidas pela colonização, a mais estranha à lógica da economia pré-capitalista é, sem dúvida nenhuma, o crédito que supõe a referência a um futuro abstrato, definido por um contrato escrito e garantido por todo um sistema de sanções e que, com a noção do interesse, recorre ao valor responsável do tempo.

> Sem dúvida a usura, cujos juros alcançavam em média de 50 a 60% antes de 1830 e de 25 a 30% em 1867[6] , inscrevia-se normalmente numa estrutura econômica que, mesmo que desse o mínimo possível de espaço à circulação monetária, não deixava de estar isenta de crises tanto quanto a precariedade das técnicas disponíveis, não permitindo dominar as aleatoriedades do clima. Mas este crédito de urgência, imposto pela necessidade e destinado exclusivamente ao consumo, nada tinha em comum com o crédito destinado ao investimento: recorre-se ao usurário somente quando se tiverem esgotado todos os recursos do auxílio mútuo familiar e aquele que, tendo os meios de ajudá-lo, entrega um irmão ou um primo ao usurário, está desonrado. A interdição do empréstimo por interesse nada mais é que o reverso do imperativo de solidariedade e as regras comunitárias, por vezes codificadas dentro do costume, impunham que se desse assistência aos doentes, às viúvas, aos órfãos e aos pobres e que se ajudasse as vítimas de uma calamidade (por exemplo, quando um animal ferido devia ser abatido, a comunidade indenizava o proprietário e a carne era repartida entre as famílias).

Enquanto o crédito se preocupa em garantir sua própria segurança, assegurando a solvibilidade do devedor, as convenções da via amigável (as únicas que a moral da

6   A. Hanoteau, *Poésies populaires de la Kabylie*, Paris: Imprimerie Impériale, 1867, p. 193, n. 1.

honra reconhece) não conhecem outro aval senão o da boa fé, sendo as garantias sobre o futuro fornecidas não pela riqueza, mas por aquele que a possui. Aquele que vai pedir o empréstimo se dirige à casa de um parente ou de um amigo: "sei que tens tal soma e não precisas dela; podes considerá-la como se estivesse ainda em tua casa". Não é fixado um vencimento exato ("até o verão", ou "até a colheita"). Pelo fato de contratar apenas pessoas conhecidas, parentes, amigos ou aliados, o futuro da associação se acha assegurado, no presente mesmo, não somente pela experiência que cada um possui do outro, considerado fiel a seus compromissos, mas também e especialmente pela relação que une os parceiros e que sobreviverá à sua transação, garantindo o futuro da troca com segurança maior do que todas as codificações explícitas e formais de que o crédito deve armar-se por pressupor a impessoalidade total da relação entre os contratantes. Nada se opõe mais radicalmente ao auxílio mútuo, que sempre associa indivíduos unidos por laços de consanguinidade real ou fictícia, do que a cooperação que mobiliza indivíduos selecionados em função das finalidades calculadas de uma empresa específica: num dos casos, o grupo preexiste e sobrevive à realização em comum de uma obra comum; no outro caso, encontrando sua razão de ser fora de si próprio, no objetivo futuro definido pelo contrato, ele cessa de existir ao mesmo tempo do contrato que o funda. Isto é, contra todas as ilusões populistas, as tradições de auxílio mútuo agnático estão longe de preparar os camponeses a adaptar-se a formas de organização cooperativas ou coletivistas, e que os trabalhadores agrícolas das zonas de grande colonização, desapossados de suas terras e de suas tradições, estão mais disponíveis para esse tipo de estrutura do que os pequenos proprietários das regiões relativamente não colonizadas.

O que distingue o futuro indefinido – lugar dos possíveis abstratos de um sujeito intercambiável – do futuro prático – o possível da *potencialidade objetiva* – não é, como é muitas vezes se supõe, a maior ou menor distância em relação ao presente, pois que o último pode empenhar como quase presentes as potencialidades mais ou menos afastadas no tempo objetivo que lhe estão ligadas na unidade imediata de uma prática ou de um ciclo natural. A consciência popular vive e age essa distinção sem explicitá-la, senão sob a forma de ironia sobre si próprio. "Aonde vais?", perguntaram um dia a Djeha, personagem imaginária com a qual os cabilas gostam de se identificar. "Vou ao mercado". "Como!, e não dizes 'se aprouver a Deus'?" Djeha segue adiante, mas, chegando na floresta, é moído de pancadas e despojado pelos salteadores. "Aonde vais, Djeha?", perguntaram-lhe novamente. "Volto para casa... se aprouver a Deus." Essa locução indica que se passa para outro mundo, regido por uma lógica diferente, o mundo irreal do futuro e dos possíveis[7].

---

7 Conta-se a história desse velho cabila que, tendo alcançado pela primeira vez o topo do desfiladeiro que limitava o horizonte de sua aldeia, exclamou: "Oh, Deus! Como teu mundo é grande!" Além do horizonte do presente começa o mundo imaginário que não pode ser ligado ao universo da experiência e onde reina, realmente, uma lógica totalmente diferente. O que pode parecer absurdo ou impossível se o situarmos no campo da experiência pode acontecer em outros lugares afastados no espaço ou no tempo: assim é que acontece com os milagres dos santos, de Sidi Yahia, que fez com que um boi degolado se levantasse, de Sidi Kali, que se metamorfoseou em leão, de Sidi Mouhoub, que dividiu em duas uma fonte a fim de apaziguar uma contenda entre clãs inimigos, de Sidi Moussa, que fez jorrar óleo de um pilar. Os mesmos critérios não têm curso se se tratar de um acontecimento que se produziu dentro do horizonte familiar ou a partir de um fato acontecido no país das lendas que começa nas próprias fronteiras do mundo cotidiano. No primeiro caso, não há outra garantia a não ser a experiência perceptiva ou, na falta disso, a autoridade de uma pessoa conhecida e digna de fé. No outro caso, em se tratando de um universo onde essencialmente tudo é possível, as exigências críticas são muito menores, e admitem-se todas as afirmações veiculadas pela opinião comum.

Talvez seja preciso ver aí uma das raízes das interdições que se referem a todas as formas de recenseamento: não se deve contar os homens presentes a uma assembleia, não se deve medir os grãos reservados para a semeadura, não se conta o número de ovos da ninhada, mas conta-se o número de pintinhos que nascem. Contar os ovos da ninhada ou medir os grãos reservados para semente seria presumir o futuro e, com isso, comprometê-lo, "fechá-lo" ou "interrompê-lo". O felá só mede sua colheita com extremas precauções, "a fim de não contar a generosidade de Deus". Em certas regiões, é proibido pronunciar um nome de número sobre a eira de malhar. Em outros lugares, recorre-se a números eufemísticos. Sabe-se também que medidas administrativas tais como as operações de recenseamento destinadas ao estabelecimento de um estado civil exato encontraram no início vivas resistências. Lê-se num poema de Qaddur ben Kalifa reportado por J. Desparmet[8]: "Todos os bens têm sido pesados na balança. Quantos hectares têm sido medidos, marcados metro por metro! Cada ano somos enumerados no registro de recenseamento! Deste modo inscreveram todos os seres vivos, homens e mulheres!" Esta mesma recusa do espírito de exatidão e de cálculo inspirava os apelidos atribuídos nessas poesias aos franceses: "a raça industriosa", "a raça dos filósofos" (dos sábios), "o povo da assinatura e do sinete"[9].

Azka d azga, "amanhã é a sepultura": o futuro é um nada e seria vão tentar agarrar um nada que não nos pertence. Daquele que se aflige demasiadamente pelo futuro, esquecendo que o futuro foge das influências, diz-se que "ele quer se tornar o associado de Deus" e, para chamá-lo a ter maior senso de medida, lança-se-lhe: "Não faças caso do que te for estranho". Ou ainda: "O dinheiro fora da bolsa, não vejas nele capital algum".

8 Les Réactions nationalitaires en Algérie, *Bulletin de la Société de géographie d'Alger*, 1933; ver também La Turcophilie en Algérie, op. cit., 1916, p. 20.

9 J. Desparmet, L'Oeuvre de la France en Algérie jugée par les indigènes, op. cit., 1910.

A fábula de Djeha basta para nos pôr em guarda contra o etnocentrismo, que leva tantos etnólogos a estabelecer uma diferença de natureza entre o sistema das disposições a respeito do tempo que admite a economia pré-capitalista e o que exige e origina a economia monetária. A experiência temporal que favorece a economia pré-capitalista é uma das modalidades que pode revestir toda experiência da temporalidade, aí compreendida como aquela dos agentes econômicos mais "racionais" das sociedades produzidas pelos etnólogos; ela deve sua especificidade unicamente ao fato de, longe de propor-se como uma possibilidade entre outras, ser imposta como *a única possível* por uma economia incapaz de assegurar as condições de possibilidade da posição do possível e, o que vem a dar no mesmo, por um *éthos* que não é senão a interiorização do sistema das possibilidades e das impossibilidades objetivamente inscritas em condições materiais de existência dominadas pela insegurança e pela álea. Tudo acontece como se, ao desencorajar expressamente todas as disposições que a economia capitalista exige e favorece como espírito de empreendimento, preocupação da produtividade e do rendimento, espírito de cálculo etc., e ao denunciar o espírito de previsão como uma ambição diabólica, em nome da ideia de que "o futuro é a parte de Deus", ficava-se satisfeito, tanto aqui como alhures, de "fazer de necessidade virtude" e de ajustar as esperanças às probabilidades objetivas.

Se as práticas econômicas do camponês argelino não podem ser compreendidas senão em relação às categorias de sua consciência temporal, permanece o fato de estarem estritamente ligadas, pela mediação do *éthos,* às bases econômicas da sociedade. A finalidade da atividade técnica e ritual é de afirmar o que Marx chamava de reprodução simples, isto é, a produção dos bens, que permite ao grupo subsistir e se reproduzir biologicamente, é inseparável da reprodução dos vínculos, dos valores e das crenças que fazem a coesão do grupo. A interdependência da economia e do *éthos* é tão profunda que toda atitude em relação ao tempo, ao cálculo e à previsão se acha como que inscrita na maneira de apropriação do solo, a saber, a indivisão. Foi muitas vezes observado que ao impedir o cálculo da parte respectiva de cada membro do grupo (ou de cada casal) no consumo e, com maior razão, na produção, essa instituição visou interditar a novação individual e suprimir o espírito de empreendimento[10]. No domínio do consumo, permite reduzir o cálculo à sua expressão mais simples, isto é, a um racionamento assaz elástico, sem que nunca seja medida a relação entre os recursos e o número dos indivíduos. Resulta disso, entre outras consequências, a realização, sem entraves, das tendências natalícias[11]. Mas, reciprocamente, a indivisão só pode se manter se (e somente se) ninguém pensar em efetuar uma contabilidade sistemática das partes individuais na produção e no consumo. E, de fato, a generalização das trocas monetárias e do espírito de cálculo coincidiu, em toda a parte, com a multiplicação das rupturas de indivisão; com efeito, ao tornar possível a mensurabilidade e a comensurabilidade da energia despendida, do produto do trabalho e dos recursos consumidos, o dinheiro encoraja o cálculo da parte respectiva de cada casal dentro da economia do

10 Não é ignorado o caráter etnocêntrico de tal aspecto. Para uma análise das diferentes funções da indivisão no sistema econômico da Argélia pré-colonial, ver P. Bourdieu, *Sociologie de l'Algérie*, Paris: PUF, 1960, p. 66.

11 Seria conveniente estudar sistematicamente a influência diferencial que os diversos costumes sucessoriais e as maneiras de apropriação do solo que lhe são solidárias (direito de primogenitura, propriedade reservada a um só, partilha em partes iguais, efetiva ou virtual, como na Argélia, do fato da indivisão) exerceram ou exercem sobre a natalidade, o espírito de empreendimento, a emigração para as cidades etc. (ver Hrothgar John Habakkuk, Family Structure and Economic Change in Nineteenth Century Europe, *The Journal of Economic History*, London, xv, 1955).

grupo. Em resumo, a indivisão interdita de fato o cálculo e, reciprocamente, a interdição do cálculo é a condição da permanência da propriedade indivisa e da comunidade que ela funda – família ou clã.

Coisa notável, o *éthos* se prolonga sem solução de continuidade na ética: os preceitos da moral da honra que denunciam o espírito de cálculo e todas as suas manifestações, tais como a avidez e a precipitação, que condenam a tirania do relojo, "moinho do diabo", podem se manifestar como outras tantas explicitações parciais, e veladas da "intenção" objetiva da economia. Com efeito, as trocas reduzidas ao mínimo não podem se tornar o centro de perspectiva em torno do qual a produção e o consumo iriam se organizar; cada unidade de produção, visando viver em autarcia, efetua a maioria das transações entre familiares e sem saber como introduzir nisso o cálculo sem absurdidade; o produtor, consumidor ao mesmo tempo, não avalia sua produção consumida em termos de esforço ou de tempo despendido. O desperdício de tempo – que só aparece como tal em relação a princípios estranhos, tal como o princípio do maior rendimento – e o desperdício de meios são talvez a condição de sobrevivência de sociedades que – se tivessem valor – desistiriam.

Por certo o cálculo está necessariamente implicado em toda transação equitativa, como um caso de associação frequentemente praticada para o gado. O proprietário (muitas vezes uma mulher que empregou desse modo o seu pecúlio) entrega os animais em confiança, algumas cabras, por exemplo, a uma outra pessoa que se compromete em nutri-las e tratá-las. Avalia-se os animais e faz-se o acordo de aquinhoamento do seu produto. A cada semana a pessoa que está cuidando dos animais envia uma cabaça de leite por intermédio de uma criança (recompensada com frutas, óleo, ovos ou açúcar). Após três anos, a pessoa que cuidava dos animais os devolve ao proprietário, quando então é feita a partilha dos produtos; as duas partes sustentam, em termos de paridade, a diminuição do capital inicial, devido ao envelhecimento, seja fornecendo uma compensação em espécie, seja devolvendo somente a metade do rebanho e uma soma correspondente à metade do seu valor no início do contrato. Pode-se notar que, apesar de semelhante acordo ser possível somente entre pessoas conhecidas, entre amigos, mesmo sendo esta a ocasião para efetuar trocas rituais totalmente estranhas ao espírito de cálculo, ela nunca foge ao mais rigoroso cálculo.

Mas o cálculo está a serviço do sentimento de equidade e opõe-se absolutamente ao *espírito de cálculo* que, fundamentando-se na avaliação quantitativa do lucro, anula as aproximações arriscadas e desinteressadas (pelo menos na aparência) de uma moral da generosidade e da honra. Ele não pode ser admitido, a não ser que seja subordinado ao sentimento de equidade que deita suas raízes no igualitarismo minucioso do ponto de honra, antes que numa consciência tradicional e abstrata da igualdade. Da mesma forma, se a inovação é sempre suspeita – e não somente enquanto desmentido que se infringe à tradição –, é porque se está sempre propenso a ver nela a expressão de uma vontade de distinguir-se, de singularizar-se, uma maneira de desafiar e de esmagar os outros. O imperativo da conformidade se deixa compreender na lógica da honra: singularizar-se, especialmente por uma novação gratuita e ostentatória, significa lançar um desafio ao grupo, e a seu ponto de honra; a conduta ostentatória (ou concebida como tal), à maneira de uma dádiva que exclui toda e qualquer contradádiva, coloca o grupo em estado de inferioridade e só pode ser ressentida como uma afronta, em que cada um sente-se atingido em sua própria autoestima.

A aquisição da riqueza nunca é explicitamente reconhecida como o fim da atividade econômica. A resistência à acumulação e à diferenciação correlativa é uma maneira de salvaguardar as bases econômicas da ordem social: com efeito, numa economia estacionária em que a quantidade de bens possuídos (isto é, principalmente, a terra) é constante, o enriquecimento de um supõe o empobrecimento do outro. E a ética não faz senão registrar, uma vez mais, as necessidades imanentes à economia.

> "O generoso, dizem, é amigo de Deus". Deus dá a riqueza a quem quer, mas aquele que a recebe deve mostrar-se digno dela dando provas de generosidade, dela se servindo para aliviar a miséria dos outros, sem o que ela lhe será negada. "Oh, meu Deus, diz-se ainda, dai-me a fim de que eu possa dar". "Oh, meu Deus, se não deres para mim, dês para meu irmão". Aquele que souber unir a riqueza, a generosidade e a sobriedade (*aquâ*) será o mais feliz dos homens, pois que o mundo e o além lhe pertencem. A riqueza implica deveres. A riqueza que não é acompanhada pela generosidade é desprezada.

Nunca ausente, o cálculo nunca é confessado: certas tarefas, tais como a ceifa, a colheita das azeitonas, a capina e a arrenda eram realizadas na Cabília pelo subclã, pelo clã e, por vezes, pela aldeia inteira; e o mesmo acontecia no transporte das pedras e das vigas para a construção de uma nova casa. Após efetuados os ritos iniciais, os depósitos de objetos, os sacrifícios que marcavam o início e o fim dos trabalhos, executados pelo chefe de família, depois de ungidos os materiais com o sangue da vítima, eram os trabalhos concluídos com um banquete em comum no qual o animal sacrificado era ingerido: terminado o banquete, as mulheres cantavam em coros alternados enquanto as moças dançavam. O trabalho comum era festa e rito coletivos por meio dos quais a solidariedade familiar era reafirmada pública e solenemente. Mas as consequências econômicas da festa eram penosas: um único repasto podia devorar as provisões laboriosamente acumuladas. Em princípio, todos os habitantes da aldeia que tinham colaborado na construção deviam participar dele. De fato, conforme o lugar, convidava-se somente os notáveis ou um homem de cada família ou os membros do mesmo clã ou do mesmo subclã[12]. Desse modo, recorria-se ao cálculo para resolver o problema colocado pelo cálculo; mas não se podia aprovar um cálculo que tendia a perpetuar tradições incompatíveis com o espírito do cálculo.

A generalização das trocas monetárias prevaleceu em muitas dessas tradições. Quanto à construção das casas, os trabalhos de alvenaria e de madeiramento eram confiados a especialistas que recebiam uma compensação em espécie ou em dinheiro: a refeição nunca era contada na estimativa do salário; admitia-se a renúncia ao salário, mas nunca à refeição. Numa aldeia da região de Sidi-Aich, um pedreiro estimado, que tinha aprendido seu ofício na França, foi chamado, por volta de 1955, para construir uma casa; retornando à sua casa sem ter realizado a refeição, pediu uma indenização de duzentos francos. Imediatamente foi-lhe pago o dia (mil francos), aumentado da importância de duzentos francos, e o camarada foi instado a não voltar mais[13]. O caso ficou conhecido e, desde então, não mais lhe confiavam qualquer trabalho que seja. Essa anedota encerra o essencial da discussão entre o cálculo, inevitável, e o espírito de cálculo, condenável. Ela coloca em evidência, primeiro, o estabelecimento de uma divisão bem distinta entre o pagamento em espécie ou em dinheiro, compensação do trabalho fornecido (que pode ser considerado um salário), e a refeição, ato simbólico que não poderia ser reduzido sem escândalo para sua dimensão estritamente econômica. A refeição é um ato de permuta que sela uma aliança, que cria uma relação análoga à parentela entre os estranhos ("Ponho entre nós o alimento

12 René Maunier, *Mélanges de sociologie nord-africaine*, Paris: Alcan, 1930, p. 171-172.
13 Aqui, e subsequentemente, os valores estão em francos velhos. (N. da E.: em 1960, a moeda francesa sofreu uma reforma, passando cem francos velhos a valer um franco novo, sua nova denominação.)

e o sal"). O *thiwizi* (trabalho coletivo) não é concebido sem o repasto final. Do mesmo modo, somente pessoas do mesmo clã ou do mesmo subclã são congregadas. Pode-se muito bem compreender a reprovação unânime provocada pelo pedreiro: sua conduta não faz senão realizar com toda lógica a intenção calculista que era expressa de forma disfarçada por meio de artifícios usados na moderação das despesas; mas, seguindo para as derradeiras consequências, ao pedir a conversão do repasto em dinheiro, revelou aquilo que a conduta aprovada se engenhava em esconder. A regra do jogo não é que a convertibilidade e a calculabilidade objetivas nunca possam ser mostradas como tais?

Há trocas em que o cálculo se trai no mais alto grau, por exemplo, a *charka* do boi: contrato que acontece especialmente entre pessoas de aldeias diferentes e por meio do qual o proprietário de um boi confia o animal a um camponês, por demais pobre para que possa comprá-lo, contra um certo número de medidas de cevada ou de trigo. Poder-se-ia crer que, nesse caso, o boi é tratado como um capital (*ras elmal*, literalmente: "a cabeça do bem") destinado a produzir lucro. De fato, a deslocação nunca é tão manifesta entre a verdade objetiva da prática econômica e a experiência que dela fazem os agentes. O economista pode definir essa troca como um simples empréstimo, em que o indivíduo A confia um boi que pode proporcionar um interesse de algumas medidas de trigo. A descrição disso pelos cabilas é muito diferente: o indivíduo A dá a força de trabalho do boi, mas a equidade é satisfeita, pois o indivíduo B alimenta o boi, o que o indivíduo A teria de fazer de qualquer maneira. As medidas de trigo, então, são uma compensação da desvalorização do boi, causada pelo seu envelhecimento. Observa-se então que o boi nunca é percebido nem tratado como capital (é frequente que a pessoa que o tem emprestado de seu dono, e que faz questão de esconder sua falta absoluta de tudo que é necessário, vá querer que se acredite que o boi lhe pertence, e pague durante a noite as medidas de trigo previstas pelo contrato; bem como que o proprietário se preste a esse jogo por achar mais conveniente manter escondida uma transação que encerra a potencialidade da exploração). Quando o cálculo interessado é abertamente revelado, a reprovação é demonstrada sem rodeios: é o caso de um certo tipo de *rahnia* (anticrese), contrato no qual quem pede o empréstimo cede, a quem faz o empréstimo, o usufruto de uma terra até a data do reembolso. Todavia, nem sempre as coisas são tão categóricas e há lugar para toda uma casuística. Não se poderia censurar, pelo contrário, aquele que empresta dinheiro a um parente em apuros em troca de uma terra cultivada como garantia (a soma emprestada pode não ter relação alguma com o valor da terra; pode ser superior ou inferior, segundo as necessidades de quem pede o empréstimo. Não são feitos cálculos nem são fixados prazos para a tomada de posse eventual da terra). "Tu me salvaste da venda", costuma-se dizer. Evitar que a terra caia nas mãos de uma família estranha é um dever; e aliás, não sendo nunca a terra realmente considerada um capital, admite-se implicitamente que o produto dela seja arrecadado em favor daquele que trabalha.

Desse modo, com o risco de sempre permanecer na ambiguidade e no equívoco, atua-se ao mesmo tempo nos registros do interesse que não se confessa e da honra que se proclama. A troca generosa não pode ser outra coisa senão a ostentação na sucessão temporal dos diferentes momentos de uma transação que o contrato racional estreita no mesmo instante? Se a dádiva pode parecer para o observador um momento obrigatório de uma série contínua de dádivas e de contradádivas, enquanto é vivido como ato desinteressado e deliberado, é exatamente graças ao intervalo de tempo interposto. Não consiste na pior ofensa a devolução imediata da dádiva recebida ou a devolução de um objeto idêntico? Estando a contradádiva diferida, cada ato de dádiva pode ser tomado como um início absoluto e não continuação imposta de uma troca já iniciada. Tudo acontece como se a troca generosa visasse permitir que os atores da transação não tenham que divisá-la como tal, não tenham que reconhecer perante si próprios e perante os outros a existência do *modelo* executado por eles objetivamente. A troca de dádivas é uma troca na e pela qual as pessoas se esforçam por encobrir a verdade da troca, isto é, o cálculo como garantia da equidade da troca. Se a "reciprocidade da troca de dádivas" é a verdade da troca de dádivas, a troca de dádivas é uma reciprocidade da troca de dádivas que não pode ser reconhecida como tal[14]. Do mesmo modo, ela é a forma, por excelência, da troca numa sociedade que, segundo a afirmação de Lukács, nega "o verdadeiro solo de sua vida" e que, não se resignando a conferir às realidades econômicas seu sentido próprio e puramente econômico, possui uma *economia em si* e não para si. Acentuando sistematicamente o significado simbólico dos atos ou das relações de produção, recusa-se a colocar a economia como tal, isto é, como sistema regido por leis originais, e a reconhecer explicitamente as finalidades econômicas pelas

---

14 Essa análise tende a ultrapassar a oposição que pode se estabelecer entre uma "fenomenologia verbosa" cativa das ideologias nascidas da experiência vivida e a antropologia estrutural, apta a reconstruir o modelo segundo o qual se efetua tal experiência, mas que não poderia ser apreendida dentro da experiência sem afetações. "É a troca que constitui o fenômeno primitivo e não as operações discretas nas quais se decompõe a vida social" (Claude Lévi-Strauss, Introduction à l'oeuvre de Mauss, *Sociologie et anthropologie*, p. xxxviii, xxxix e p. xlvi). Cabe à etnologia reconstituir a totalidade a partir da qual a unidade da experiência subjetiva se deixa descobrir, apreensão mutilada do sistema social e da estrutura objetiva que a reflexão sábia constrói ou descobre. Somente, com efeito, a existência de uma discordância essencial entre a certeza subjetiva e a verdade objetiva explica que a dádiva possa ser descrita como momento de uma série indefinida de prestações e de contraprestações e, ao mesmo tempo, ser vivido como ato deliberado e desinteressado.

quais a ação econômica é objetivamente orientada, as do cálculo interessado, as da concorrência, as da competição ou as da exploração.

A mesma *denegação* é observada na produção. O camponês não se ergue como poder eficaz face a um mundo estranho: muito próximo a uma natureza fracamente ordenada e pouco marcada pela ação do homem, ele só pode experimentar submissão diante dos poderios que sequer pensa em disciplinar. Devemos nos surpreender por ele não considerar sua ação um *trabalho*, no verdadeiro sentido, que se recuse a tratar como matéria bruta essa natureza onipotente que suas crenças povoam de encantos e de mistérios, e que é o lugar de uma sagração difundida e impessoal, fonte de todas as desgraças e de todos os benefícios? O camponês, propriamente falando, não trabalha, fadiga-se. "Dá à terra [o teu suor], ela dar-te-á", diz o provérbio. Pode-se deduzir daí que a natureza, obedecendo à lógica da troca de dádivas, não concede seus favores senão àqueles que lhe dão sua fadiga como tributo. Porém, mais profundamente, a ação técnica poderia ser uma forma de ritual de revivificação[15]. É, com efeito, a aplicação de categorias estranhas à experiência do camponês que faz surgir a distinção entre o aspecto técnico e o aspecto ritual da atividade agrícola. Realizando-se dentro de um ciclo cósmico que elas medem, as tarefas agrícolas, lavoura ou colheita, impõem-se com o rigor arbitrário dos deveres tradicionais, ao mesmo título que os ritos que lhes são inseparáveis. Nunca tratada como material vulgar ou como matéria-prima que dever-se-ia explorar, a terra é objeto de um respeito misto de temor (*el hiba*). Ela saberá, diz-se,

---

15 Os antigos descrevem o abandono das tradições agrícolas como escândalo, profanação e sacrilégio. Por exemplo, deixar para os moços, coisa sempre mais frequente, o cuidado de "rasgar a terra e de esconder nela a riqueza do ano novo" é coisa injuriosa. "A terra não dá mais porque não se lhe dá nada. Zomba-se francamente da terra, e é justo que em troca ela nos pague do mesmo modo com mentiras".

"exigir contas" e pedir reparação pelos maus tratos que o camponês azafamado (*el ah'maq*) ou desajeitado lhe inflige. A verdade das práticas agrárias e do *éthos* que as ocupa encontra uma expressão simbólica no sistema ritual, cuja análise estrutural permite retomar a intenção oculta. Deixada em si mesma, a natureza se dirige para a esquerda, para o baldio e para a esterilidade. À maneira da mulher física e moralmente defeituosa e maligna, ela deve ser submetida à ação benéfica e fecundante do homem. Posto que necessária, inevitável, essa intervenção do camponês e de suas técnicas é criminal, porque é violação e violência. Tudo se passa como se os ritos, e particularmente os que marcam os pontos críticos da relação entre o homem e a terra, entre lavouras e colheitas, estivessem habitados pela intenção de resolver a contradição que se encontra no âmago da agricultura, obrigada a forçar a terra para arrancar dela suas riquezas[16].

O trabalho não é uma finalidade em si nem uma virtude por si. O que está valorizado não é a ação orientada em direção a um fim econômico, é a atividade em si, independentemente de sua função econômica e somente com a condição de que ela tenha uma função social. O homem que se respeita deve estar sempre ocupado com alguma coisa. Se ele não encontrar nada para fazer, "que ele entalhe pelo menos a sua própria colher". "O pastor ocioso", diz-se ainda, "que entalhe seu cajado". O preguiçoso não realiza a função que lhe cabe no seio do grupo: por isso, ele se coloca à margem e se expõe a ser rejeitado. Permanecer ocioso, especialmente para quem pertence a uma grande família, significa atraiçoar o próprio compromisso com relação ao grupo, significa esquivar-se dos deveres, das tarefas e dos encargos que são inseparáveis pelo fato de pertencer ao grupo. Do mesmo modo, se apressa, por exemplo, a se

---

16 Sobre esse ponto, ver P. Bourdieu, Le Sens pratique, *Actes de la recherche en sciences sociales*, 1976, n. 1, p. 43-86.

recolocar no ciclo dos trabalhos e no circuito das permutas de serviços, aquele que permaneceu longe da atividade agrícola durante um certo período de tempo, o emigrado ou o convalescente. Diz-se aos adolescentes de famílias pobres, aos filhos das viúvas: "Ide vos arrendar (*charkath*), tornar--vos-ei homens segurando o arado e cavando a terra".

No direito de exigir que cada um se ocupe com alguma coisa, por improdutiva que seja, o grupo é obrigado a assegurar uma ocupação a todos, mesmo que seja puramente simbólica. O cultivador que oferece uma oportunidade de trabalhar em suas terras àqueles que não têm terras para lavrar, arado para segurar, árvores para podar, filho de *khammès*, de trabalhador agrícola ou de viúva, recebe a aprovação de todos, pois ele assegura a esses indivíduos marginais a possibilidade de se integrar ao grupo, em resumo, de se tornarem homens aperfeiçoados.

Dentro de tal contexto, o que se manifesta como simples ocupação, quando se faz implicitamente referência à concepção ocidental de trabalho como atividade produtiva, não era e não podia ser concebido como tal. Assim sendo, o chefe de família era naturalmente o mais idoso, porque seu trabalho, a seus olhos e aos olhos do grupo, identifica-va-se com a função mesmo de chefe de família, responsável por cada um e por todos, incumbido de regular e organizar os trabalhos, as despesas e as relações sociais. A distinção entre trabalho produtivo e trabalho improdutivo, assim como a distinção entre trabalho que dá um rendimento regular e trabalho que não dá rendimento, estava relegada a um segundo plano, estabelecendo-se a oposição fundamental entre o ocioso (ou o preguiçoso) que falta para com o seu dever social e o trabalhador que preenche sua função social, qualquer que possa ser o produto de seu esforço. O verdadeiro camponês era reconhecido por se aplicar, em todos os seus momentos de folga, a esses pequenos trabalhos que eram como a arte pela arte da arte de viver campesinamente: a vedação dos campos, a poda das árvores, a proteção dos novos rebentos, ou "visita" (*asaf qadh*) e fiscalização dos campos; porque, na ausência da preocupação da rentabilidade e do rendimento, na ausência da obsessão da produtividade, o esforço era em si mesmo sua própria medida e, ao mesmo tempo, seu próprio fim.

Por falta de discernir claramente o trabalho como atividade de ganho e o trabalho como função social, está-se exposto a mal compreender a lógica das economias pré-capitalistas. O próprio Max Weber dava ocasião ao mal-entendido pelo uso que ele fazia do conceito equívoco de *beruf*. Com efeito, poder-se-á, segundo o ponto de vista adotado, considerar que o capitalismo burguês, como a ética protestante, faz do trabalho uma finalidade em si, não sendo a atividade simples meio econômico, enquanto atividade de lucro, mas finalidade moral, enquanto dever imposto pela ética, ou então, ao oposto, que a finalidade última da existência não é, para o capitalista, o trabalho como finalidade em si, mas o trabalho como "meio de ganhar sempre mais dinheiro", o imperativo fundamental sendo "o dever para o indivíduo aumentar seu capital". É este último aspecto que o próprio Max Weber acentua nos textos que ele consagra ao espírito tradicionalista:

> O reino universal da ausência absoluta dos escrúpulos no perseguimento dos interesses egoístas pela aquisição do dinheiro constitui um dos caracteres específicos destas regiões precisamente onde o desenvolvimento do capitalismo burguês medido segundo critérios ocidentais permaneceu detido. Todavia, não há empregador que não saiba que a falta de consciência profissional dos trabalhadores desses países, por exemplo da Itália em comparação à Alemanha, foi e ainda permanece, numa certa medida, um dos principais obstáculos para seu desenvolvimento capitalista.[17]

17   *L'Éthique protestante et l'esprit du capitalisme,* capítulo II.

O que está em questão, portanto, é uma moral do trabalho considerado como atividade de lucro. Em outro ponto, Max Weber observa justamente que aquilo que distingue as sociedades "tradicionalistas" é que o desejo do lucro máximo não constitui aí, por si, uma incitação ao trabalho. Mas, é preciso não esquecer esse fato, o trabalho como função social faz parte dos deveres tradicionais.

Por pouco eficaz que ela seja, a ação do camponês transforma a natureza por meio da violência: mas ela não pode se manifestar como tal. Uma confissão dessas para consigo mesmo supõe uma conversão da relação entre o homem e o mundo: convencido de que não dispõe de meio algum para agir eficazmente no seu próprio futuro e no futuro de sua produção, o camponês não se sente responsável senão pelo ato, não pelo sucesso ou pelo prejuízo, que dependem dos poderes naturais ou sobrenaturais. O trabalho enquanto tal se manifesta quando (e somente quando) a entrega de si próprio, indissociável do sentimento de dependência, dá lugar à agressão confessada contra uma natureza desembaraçada dos encantamentos de magia, e reduzida à sua dimensão unicamente econômica. Desde então, a atividade agrícola deixa de ser um tributo pago a uma ordem necessária; ela é trabalho, isto é, ação orientada em direção à outra ordem possível que não pode sobrevir pela transformação do dado atual. Enquanto a distinção entre a função social e a função propriamente econômica do esforço permanece ignorada, a atividade não pode se orientar explicitamente em direção a uma finalidade exclusivamente econômica. Ora, a organização deliberada e sistemática de todos os meios econômicos em função de uma finalidade comum, o proveito monetário, é a condição da aparição de uma ordem econômica dominada pela necessidade de obter um lucro em dinheiro, necessidade propriamente econômica e independente dos imperativos éticos.

O desencantamento do mundo, isto é, o desaparecimento dos encantos e dos prestígios que propendiam para uma atitude de submissão e de homenagem em relação à natureza, coincide com o fracasso do esforço para cativar a duração por meio da estereotipização mágico-mítica dos atos técnicos ou rituais que visavam fazer do desenvolvimento temporal "a imagem nobre da eternidade". Enquanto a atividade não tem outra finalidade senão a de assegurar a reprodução da ordem econômica e social, enquanto o grupo todo não se propõe a outro fim que o de durar e transformar objetivamente o mundo sem confessar a si próprio que o faz, o sujeito operante perdura no próprio ritmo (*dure la durée*) do mundo com o qual está vinculado. Não se pode descobrir como um agente histórico, cuja ação no presente e contra a ordem presente, não tem sentido a não ser em relação ao futuro e à ordem futura que ela se empenha em fazer advir. O tradicionalismo aparece como uma empresa metódica (apesar de se desconhecer como tal) para negar o acontecimento enquanto tal, isto é, como novidade suscitada pela ação inovadora ou própria para suscitá-la; para reduzir o acontecimento, fazendo a ordem cronológica depender da ordem eterna da lógica mítica.

A existência do camponês cabila é ritmada pelas divisões do calendário mítico-ritual, que não é senão a projeção, na ordem da sucessão, do sistema de oposições míticas que dominam toda a existência. O outono e o inverno opõem-se à primavera e ao verão, assim como a umidade se opõe à seca, o baixo ao alto, o frio ao calor, a esquerda à direita, o oeste e o norte ao leste e o sul, a noite ao dia, o masculino ao feminino. As lavouras e as sementeiras opõem-se à colheita e à debulha, assim como a tecelagem, homóloga à lavoura, opõe-se à cozedura das louças, e assim por diante. O princípio de organização da sucessão temporal é o mesmo que determina a divisão dos trabalhos entre os sexos, a distinção entre o alimento úmido da estação úmida e a alimentação seca da estação seca, as alternâncias da vida social, festas, ritos, jogos, trabalhos, a organização do espaço e tantos outros traços. Desse modo, dois momentos sucessivos podem ser reconduzidos aos dois termos opostos de uma relação intemporal; por conseguinte, o tempo social como forma, no sentido musical, isto é, como ordenamento de uma sucessão, ordem cuja essência é de realizar-se unicamente no tempo, é redutível a um sistema intemporal de oposições lógicas[18].

Simultaneamente princípio de organização – sendo sua função a de regular a sucessão temporal – e força de integração, que garante a harmonização das condutas individuais e o preenchimento recíproco das expectativas que se referem ao comportamento alheio, o calendário dos trabalhos e das festas institui a coesão do grupo interditando toda omissão às previsões coletivas, ao mesmo tempo que, por meio de vias opostas àquelas da ciência ou do cálculo econômico, garante a previsibilidade. A ordem social é, antes de mais nada, um ritmo, um *tempo*. Conformar-se com a ordem social é primordialmente respeitar os ritmos, acompanhar a medida, não andar fora de tempo. Pertencer ao grupo significa ter, no mesmo momento do dia e do ano, o mesmo comportamento de todos os outros membros do grupo. Adotar ritmos desusados e itinerários próprios significa já excluir-se do grupo. Trabalhar enquanto os outros descansam, permanecer em casa enquanto os outros trabalham nos campos, passear pelas ruas da aldeia enquanto os outros dormem, andar pelas estradas quando elas estão desertas, arrastar-se pelas ruas da aldeia enquanto os outros estão no mercado, são outras tantas condutas suspeitas. O respeito aos ritmos temporais é, com efeito, um dos imperativos fundamentais dessa ética da conformidade. A observância dos ritmos anuais impõe-se ainda mais rigorosamente. Além do fato de as grandes datas do ano agrícola serem determinadas por uma decisão coletiva e precedidas por

18 Sobre esse ponto, ver P. Bourdieu, Le Sens pratique, op. cit.

festas e cerimônias, não há atividade técnica ou social que não tenha seu dia e sua hora. O calendário agrícola propõe um tipo de recomendação para cada período, assim como interdições, provérbios, presságios. É chamado de *amkhalaf* o indivíduo original que age diferentemente dos outros (de *khalef*, infringir, transgredir); e isso é observado, jogando-se sobre os radicais, pelo fato de *amkhalaf* ser também aquele que está atrasado (de *khellef*, deixar para trás). Agir contra o tempo, porém, não é somente infringir o imperativo que interdita singularizar-se, é transgredir o imperativo que impõe às pessoas se conformarem com uma ordem social que se confunde com a ordem do mundo.

Como a razão científica, o *éthos* pré-capitalista se esforça para assegurar-se do futuro, mas por caminhos totalmente opostos. A previsão supõe reconhecer a possibilidade do imprevisto, a possibilidade de um outro possível, capaz de contradizê-la: a hipótese cria o acontecimento enquanto tal, isto é, como desmentido ou confirmação. Totalmente ao contrário, a prudência do tradicionalismo escapa aos desmentidos do mundo. Ela não forma a ambição de apresar o futuro, mas esforça-se somente em oferecer-lhe a mínima presa. O receio de uma refutação objetiva, capaz de abalar a ordem estabelecida e de interromper o encadeamento das expectativas, leva a ater-se, à custa de um restringimento sistemático do campo das aspirações, a um estado de coisas que possa ser dominado pela simples atualização dos esquemas tradicionais, e a excluir metodicamente as situações insólitas, que iriam exigir a invenção de novos esquemas. A adesão a uma tradição indiscutida implica a recusa a se travar abertamente a luta contra a natureza e conduz para a busca de equilíbrio à custa de uma redução das expectativas, proporcionada pela fraqueza dos meios de ação sobre o mundo. Incessantemente ameaçada em sua própria existência, obrigada a dispensar toda sua energia para manter um equilíbrio audacioso com o mundo exterior, esta sociedade, obcecada pelo cuidado de subsistir, escolhe conservar para conservar-se, antes de transformar-se para transformar.

A ordem tradicional não é viável senão na condição de ser aproveitada não como a melhor possível, mas como a única possível, na condição de que sejam ignorados todos os "possíveis paralelos" que encerram em si a pior ameaça, unicamente pelo fato de que eles fariam aparecer a ordem tradicional, tida por imutável e necessária, como uma possibilidade entre outras, isto é, como arbitrária. Trata-se da sobrevivência do tradicionalismo que é ignorado como tal, isto é, como escolha que se ignora. Recusando o projeto e, ao mesmo tempo, o trabalho como vontade orientada para a transformação do mundo e dos meios de transformar o mundo, essa sociedade recusa-se a ter uma história. Com efeito, o trabalho, assim como a vontade de progresso ou a consciência revolucionária, reside na escolha de adotar a perspectiva do possível, de suspender o consentimento passivo à ordem natural ou social. A vontade de transformar o mundo supõe a passagem para adiante do presente em direção a um futuro racionalmente calculado que não pode ser atingido senão pela transformação do dado atual e especialmente pela transformação da ação transformadora, isto é, das técnicas e dos agentes que as utilizam. O tradicionalismo visa abolir a sucessão cronológica enquanto descontinuidade continuada, reduzindo a ordem cronológica (no ciclo da vida e no ciclo agrário) à ordem (mito) lógica. E é talvez a intenção mais profunda dessa ordem social que reproduz *sem o saber* a análise estrutural quando ela reúne de imediato, sob forma de um sistema de oposições e de homologias, o que é por essência sucessão, semelhante nisso a um Deus leibniziano, capaz de manter em ato a essência de $\sqrt{2}$, que os agentes nunca apreendem de maneira parcial e sucessiva, acrescentando indefinidamente algarismos após a vírgula.

CAPÍTULO 2

NECESSIDADES CONTRADITÓRIAS E CONDUTAS AMBÍGUAS

Embora não se possa, sem arbitrariedade, caracterizar de modo genérico a literatura imensa e bastante diversa que os antropólogos consagraram à mudança cultural, não se pode deixar de observar que esses estudos, que diferem profundamente quanto aos seus objetivos, estão geralmente de acordo em tornar autônomos certos níveis da realidade social e não reservam senão um espaço bastante limitado para as transformações econômicas e, especialmente, para o exame sistemático da influência que essas transformações exercem sobre o sistema das relações sociais e das disposições. Seja acentuando as "transações culturais", ou a lógica da seletividade, a recontextualização dos empréstimos e a reinterpretação dos vestígios antigos, ou os fenômenos de desintegração ou de reintegração cultural, ou a dinâmica das transformações da personalidade resultantes das transformações das técnicas da instrução primária, ou ainda a adaptabilidade diferencial das diferentes culturas em contato, seja interessando-se pelas relações entre as sociedades consideradas, ao tipo de relações sociais que unem os indivíduos que as compõem, pela forma concreta dessas relações (superioridade ou inferioridade, distância ou proximidade etc.), e pela situação na qual elas se estabelecem (situação colonial, reserva etc.), devemos nos ater à mudança cultural ou à mudança social em sua forma genérica, omitindo comumente a análise da diferenciação progressiva da sociedade e as reações diferenciais das distintas classes sociais.

Mas esse "aspecto etnológico", que se deve em parte às características econômicas e sociais das sociedades estudadas pelos especialistas da "aculturação", é sem dúvida menos perigoso do que as deformações sistemáticas que uma determinada sociologia introduz, dissociando as diferenças nas atitudes relativamente ao "modernismo" e à "modernização" das condições econômicas e sociais de sua constituição e sua expressão. Desse modo, Daniel Lerner, apoiando-se numa vasta enquete conduzida em seis países do Oriente Médio, apresenta uma "teoria da modernização, articulando as compulsões comuns às quais os povos do Oriente Médio estão sujeitos"[1] que ele próprio resume da seguinte maneira:

> O modelo de comportamento desenvolvido pela sociedade moderna é caracterizado pela empatia, pela aptidão para reorganizar rapidamente o sistema do eu (*self-system*). Enquanto as comunidades isoladas da sociedade tradicional tinham bom funcionamento com base em uma personalidade altamente constritiva, os setores interdependentes da sociedade moderna requerem uma ampla participação. Esta, por sua vez, exige um sistema do eu expansivo e adaptativo, disposto a incorporar novas funções e a identificar valores pessoais com questões públicas. É por essa razão que a modernização de uma sociedade implicou a grande transformação psicológica a que chamamos de mobilidade psíquica[2].

1 Daniel Lerner, *The Passing of Traditional Society, Modernizing the Middle East,* New York, 1958, p. 77.
2 Ibidem, p. 51.

Ao definir "modernidade" como um "estilo de vida participante" pode-se ver na "exposição aos *mass media*" (*media exposure*), supostamente um fator de aumento da empatia por proporcionar a ela a oportunidade de exercer-se, um dos fatores determinantes da transformação das atitudes. Se está claro que o desarraigamento da ordem tradicional e a entrada, muitas vezes brutal, no mundo da economia moderna conduzem e supõem transformações sistemáticas do *habitus*, reduzir à sua dimensão psicológica o processo de adaptação à economia moderna viria a ser tomar o efeito pela causa. De fato, "as transformações caracterológicas exigidas pela modernização"[3], como as "transações culturais" de que falam os antropólogos, são concretamente efetuadas por agentes particulares inseridos em condições econômicas e sociais particulares – o que não significa que elas nada devam à lógica das disposições adquiridas ou dos sistemas culturais em vista.

Ao fazer com que a adoção do estilo de vida moderna fosse o resultado de uma livre escolha, o sociólogo não deixa de manifestar sua filosofia implícita da história que faz da "sociedade moderna", isto é, da sociedade capitalista em sua forma americana, o centro de uma atração universal?

> Os indivíduos em via de modernização (*modernizing individuals*), [escreve Lerner], são consideravelmente menos infelizes – e mais a sociedade que os cerca se moderniza rapidamente, mais eles são felizes [...]. A sociedade tradicional está em vias de desaparecer no Oriente Médio porque relativamente poucas pessoas *ainda querem* viver de conformidade com as regras[4].

E Nietzsche poderia comentar:

3   Ibidem, p. 76.
4   Ibidem, p. 398-399 (grifo nosso).

Eles querem a todo custo persuadir-se que o esforço em direção à *felicidade inglesa*, quero dizer, o *conforto* e a *fashion* (e em última instância em direção a um assento no Parlamento), que tudo isso se encontra precisamente na senda da virtude, enfim, que toda virtude que jamais existiu no mundo foi sempre encarnada num esforço[5].

Na sociedade camponesa, a duração dos ciclos agrários que permitia dissociar o esforço, "causa ocasional", de seu produto, "dádiva de Deus", a solidariedade familiar que protegia contra a absoluta falta do que é necessário e as reservas de víveres, sempre disponíveis para o consumo, tudo concorria para velar a relação que une o trabalho a seu produto; nesse universo econômico, a passagem da atividade de produção voltada para finalidades tradicionais para a atividade de lucro "tradicional" somente se efetua lenta e progressivamente porque, mesmo quando os rendimentos monetários fizeram sua aparição ao lado dos recursos costumeiros, os produtos da agricultura, da criação de gado e do artesanato familiar permitem satisfazer pelo menos uma parte das necessidades, sem ter que recorrer ao mercado. No mundo urbano, ao contrário, a universalização das trocas monetárias, correlativa do desaparecimento dos outros recursos, torna a obtenção de uma renda em dinheiro numa necessidade absoluta e universal[6]. Das fazendas europeias da região de Philippeville, aonde iam trabalhar antigamente, os camponeses cabilas tinham importado um adágio que resumia sua descoberta do significado moderno do trabalho: "Nada de trabalho, nada de pão" (da mesma forma que

5 F. Nietzsche, *Par delà le Bien et le Mal: Prélude d'une philosophie de l'avenir*, Paris: Mercure de France, 1948, p. 230.

6 Ao instaurar nas campanhas argelinas uma situação quase urbana, os reagrupamentos de população determinaram transformações da atitude econômica absolutamente análogas às que são provocadas pela situação urbana (ver P. Bourdieu e A. Sayad, *Le Déracinement. La Crise de l'agriculture traditionnelle en Algérie*).

uma locução: *achantyi ichumuran,* oficina de inatividade). Descobrir o trabalho como atividade de lucro – por contraste à atividade tradicional, que daqui por diante aparece como simples ocupação – significa descobrir sua raridade, noção inconcebível em uma economia que ignorava a preocupação com a produtividade.

> Sempre ressentida intensamente, a pressão do "exército de reserva industrial" exprime-se por vezes de maneira explícita, seja por meio de conceitos vagos e gerais ("Há grande número de braços", "Há gente demais"), seja em termos mais concretos, mais próximos a uma experiência ainda viva: "Você vai para o cais, uma manhã, e você vai ver: são centenas, milhares que esperam para conseguir trabalho, para trabalhar por um dia, para ganhar o pão de seus guris" (trabalhador, Argel). Dentro de tal contexto, a competição pelo emprego é a forma primeira da luta pela vida, uma luta que, para alguns, recomeça a cada manhã, e que não conhece mais regras do que um jogo de azar: "Puxa, veja só, estamos, por exemplo, em frente a um canteiro de obras: é como no *qmar* (jogo de azar). Quem será admitido?" (trabalhador desempregado, Constantine).

A concorrência joga desenfreadamente, porque os métodos racionais de recrutamento não podem ser aplicados a esse exército de serventes igualmente desarmados. Para todos aqueles que não possuem diploma nem qualificação, a grande maioria, a liberdade de escolha da profissão é reduzida a menos que nada e a colocação só pode ser efeito do acaso. Disponível para aceitar todo e qualquer emprego, porque na realidade não está preparado para nenhum, o servente desprovido de qualificação está entregue às áleas da contratação e da dispensa.

> O trabalhador [diz um empregado no comércio] é um faz-tudo, isto é, não sabe fazer nada.

E outro:

Não é um operário, é um homem que é como uma criada para todo o serviço, a serviço dos homens.

"Cada um com sua chance", "Cada um tem seu destino", essas frases estereotipadas traduzem a experiência do decreto arbitrário que faz com que um seja o desempregado, e o outro, o trabalhador. Na grande maioria dos casos, não é o trabalhador que escolhe seu trabalho, mas o trabalho que escolhe o trabalhador. Obrigados a ganhar a vida muito cedo, entre os dez e os quinze anos, os moços se veem jogados no meio da competição por emprego sem ter para isso preparo algum, mal saídos da escola, quando tiveram a possibilidade de poder frequentá-la. Os anos da adolescência são os mais difíceis da existência: é a época da instabilidade forçada e dos ofícios de fortuna; antes de chegar a uma verdadeira e própria profissão, a maioria dos operários e dos empregados permanentes chegaram a exercer muitas ocupações sucessivas, isto é, quase sempre muitos patrões e muitas vezes vários ofícios.

Ora, é sabido que, quanto mais cedo se deixa de frequentar a escola, mais restrita é a variedade das escolhas. Cada grau de instrução corresponde a um grau determinado de liberdade: numa sociedade em que 87% dos indivíduos não têm diploma algum de instrução geral e 98% não têm diploma algum de instrução técnica, a posse de um certificado de aptidão profissional ou de um certificado de estudos primários acarreta uma enorme vantagem na competição econômica; uma diferença ínfima de nível, que separa, por exemplo, um indivíduo que sabe ler de outro que sabe ler e escrever, determina uma diferença absolutamente desproporcional nas possibilidades de êxito social. Resultam daí diversas consequências: em primeiro lugar, as barreiras criadas pelas diferenças de instrução são brutalmente seccionadas, especialmente no setor moderno, onde a progressão na hierarquia social se opera aos pulos; em segundo lugar, os trabalhadores qualificados e altamente qualificados beneficiam-se de um privilégio incomparável: eles se apartam de uma só vez da massa de gente desprovida de toda e qualquer qualificação e dispõem de todo um conjunto de garantias, de seguros e de vantagens. Mas os principais beneficiários desse efeito de contraste são as pessoas munidas de um diploma de instrução geral que, devido a seu pequeno número, não possuem dificuldade em monopolizar os empregos administrativos e todas as funções "nobres", sendo que o prestígio vinculado a essas funções vem aumentar aquele que é tradicionalmente reconhecido ao letrado. O estilo de vida e a própria existência dessa sub-*intelligentsia* de pequenos burocratas, funcionários ou empregados, que muitas vezes executam sua competência como uma técnica carismática, pressupõe uma sociedade entregue ao analfabetismo e pouco informada do currículo escolar e das hierarquias que lhes são solidárias.

Para os subproletários, toda a existência profissional é colocada sob o signo da arbitrariedade. É, de fato, pela ausência de uma organização racional da colocação e por falta de um controle dos processos de recrutamento que alguns empregadores podem explorar (ou deixar explorar) o exército de trabalhadores, desprovidos de qualquer especialidade, dispostos a passar por todas as condições possíveis para escapar ao desemprego. O contrato em certas empresas, e de modo particular na construção, se subordina ao pagamento de um *bakchich* (gratificação), na maioria das vezes ao contramestre. Para forçar o destino e triunfar da hostilidade de uma ordem injusta, os que não têm "ofício", "instrução", nem dinheiro, dispõem de um recurso: o poder das "proteções", do "pistolão", e dos "conhecidos". As relações de parentesco, de vizinhança e de camaradagem tendem a reduzir o sentimento de arbitrariedade, mas desenvolvem a convicção, não menos irracional, de que as relações, o pistolão, o "desembaraço" (*chtara*), o *bakchich* e "o café" tudo podem. Sem dúvida, a ação de recorrer às relações pessoais é favorecida por toda a tradição cultural que encoraja e impõe a solidariedade e o auxílio mútuo: aquele que alcançou o sucesso deve se servir de seu próprio êxito para ajudar os outros, a começar pelos membros da própria família; cada indivíduo que se respeite considera-se responsável por vários de seus parentes, mais ou menos próximos, sentindo-se obrigado, entre outras coisas, a encontrar um trabalho, fazendo uso de sua posição e de suas relações pessoais. O nepotismo, nesse caso, é uma virtude[7].

Se a incerteza dos procedimentos de recrutamento, a raridade dos operários qualificados, o excedente de mão de obra fortalecem a crença no poder soberano das proteções, a eficácia das proteções e das relações pessoais não é a mesma nas diferentes categorias profissionais e nos diferentes setores da economia. No setor tradicional, e particularmente no artesanato e no comércio, os antigos

7   O auxílio mútuo é a única garantia do camponês, que, na maior parte do tempo, é brutalmente jogado na grande cidade: as estatísticas mostram com efeito que, exceção feita àqueles que residem numa cidade grande já há algum tempo, mais de dois terços dos chefes de família da cidade vieram diretamente das regiões rurais, sem etapa intermediária, sendo que somente um terço passou por cidades de média importância. Tudo parece indicar que esses dois tipos de migração correspondem a duas categorias diferentes da população rural; as migrações em grandes vagas parecem ser a ação das camadas inferiores, operários agrícolas permanentes ou temporários durante a estação da colheita ou da vindima, *khammès*, pequenos proletários, que fogem da aventura em direção à grande cidade ou em direção à França, sem outra esperança senão a condição de assalariado ou, por falta de emprego, de pequeno comerciante; as migrações de extensão limitada seriam antes dos proprietários médios que se dirigem para as cidades vizinhas às suas antigas residências onde eles se beneficiam das vantagens que sua rede de relações anteriores lhes garante (o crédito, por exemplo) e onde eles podem exercer, graças ao pecúlio proporcionado pela venda de sua propriedade ou de seu produto, ofícios nobres e não muito pesados, tais como o comércio ou o artesanato tradicional.

procedimentos de recrutamento se perpetuam, especialmente nas pequenas empresas familiares. Além de todos aqueles que herdaram sua loja ou sua oficina, muitos artesãos e comerciantes administram uma empresa cujo proprietário é um parente; outros não puderam instalar-se por conta própria senão graças à ajuda financeira de um parente ou de um amigo. Em resumo, o setor tradicional permite àqueles que não têm bagagem cultural alguma, nem bagagem técnica, contornarem as barreiras que colocariam como obstáculo regras racionais ou semirracionais de seleção. Mas o próprio setor moderno ignora muitas vezes essas regras. Não são, propriamente falando, as empresas que recrutam; o engajamento é de fato o resultado de uma espécie de cooptação espontânea entre os operários. Da mesma maneira, ao lado dos grandes enxames profissionais que têm, às vezes, uma longa tradição – comerciantes mozabitas, carregadores e mercadores de legumes da região de Djidjelli, limpadores de lama das ruas de Biskra, em outros tempos carregadores de água, garçons de café da região de Michelet, mergulhadores da região de Sidi-Aïch –, há toda uma rede de pequenos grupos, nascidos do auxílio mútuo e da cooptação, e que resguardam, fragmentária e parcialmente, no seio do mundo do trabalho um tipo de relação social característica de um sistema cultural fundado sobre os vínculos de parentesco e de interconhecimento.

A influência real das proteções nunca é tão manifesta quanto nos empregados e nos quadros subalternos. É, antes de mais nada, que aqueles munidos de uma instrução elementar podem, sob a condição de terem o apoio de um amigo ou de um parente, aspirar a empregos estáveis e não muito fatigantes, extremamente invejáveis, tais como os de ordenanças ou de enfermeiros; por outro lado, os subproletários têm muitas vezes uma rede de relações sociais mais limitada e mais fraca do que os trabalhadores permanentes, o que é ao mesmo tempo causa e consequência de sua situação profissional. Com efeito, proporcionalmente à sua instabilidade, eles têm menores probabilidades de encetar vínculos, circunscritos na maioria das vezes ao local de trabalho, do que os velhos empregados das empresas familiares ou dos operários qualificados vinculados a uma empresa.

Para explicar que suas relações são limitadas ao lugar de trabalho, eles invocam principalmente a dureza de sua tarefa e a distância de sua residência. O que parece determinante, na realidade, é o afastamento psicológico com respeito à profissão, à empresa e a tudo aquilo a ela relacionado; é uma recusa generalizada em aderir a um universo globalmente detestado, é a vontade de determinar um corte, o mais enérgico possível, entre o meio de trabalho onde eles sentem ser inferiores e a vida decente, a vida familiar que, como compensação, toma um lugar bastante grande. "Não visito ninguém, não vejo ninguém", declara um motorista, antigo operário da construção, "eu vou, eu volto; a família, é tudo". E outro: "Não tenho amigos no trabalho; somos dois cortadores. Depois do trabalho, volto para casa: meus moleques são meu prazer" (cortador de uma fábrica de toldos, Oran). A miséria ataca as tradições do auxílio mútuo e alguns justificam essa negação invocando a miséria comum: "À saída do trabalho, discuto com eles; falamos de nossa miséria, de nossas preocupações, e em seguida cada um volta para sua casa, porque estamos todos esgotados [...]. Não há auxílio mútuo: todos nós somos pobres. Para os casamentos, as circuncisões, vai-se sozinho fazer uma visita" (operário de uma fábrica, Oran). Outros vão até o extremo do individualismo forçado que leva a rejeitar as relações fora do trabalho: "No trabalho, cada um por si; depois do trabalho, cada um em sua casa" (servente, Oran). O estabelecimento de relações amigáveis com base nas relações profissionais parece ser inseparável de uma forte adesão à profissão e de uma forte integração ao grupo de trabalho. Os operários qualificados, geralmente antigos na empresa, mantêm quase sempre boas relações com seus companheiros. É somente entre alguns operários altamente qualificados que se vê aparecer uma atitude nova: tendo alcançado êxito em sua vida profissional, eles entendem guardar as devidas distâncias em relação à massa dos operários e dos serventes, sendo o acanhamento do campo das relações sociais um dos índices do aburguesamento.

Preparados, por toda sua tradição cultural, a esperar relações interpessoais intensas e superdeterminadas, os trabalhadores argelinos tendem a experimentar dolorosamente a impersonalidade fria ou brutal das relações de trabalho e muito particularmente, talvez, das relações com os superiores; mas, em consideração ao receio de serem dispensados, a aspiração para relações mais humanas permanece no estado de nostalgia.

> Chego, visto o avental. "Bom dia, bom dia. Boa noite, boa noite", só isso, e nada mais!

(A nostalgia de relações pessoais e simétricas exprime-se por meio de outros índices: por exemplo, a razão invocada, o mais amiúde, por aqueles que dizem não querer mudar de emprego para ganhar mais é o apego ao patrão. Do mesmo modo, a maioria dos operários e dos empregados de pequenas empresas que perpetuam relações profissionais de andamento patriarcal ou paternalista dizem gostar de sua profissão mesmo quando não estão contentes com seu salário.) Os mais moços, que têm uma consciência política mais coerente e que acedem mais amiúde à noção capitalista de trabalho como simples meio de adquirir uma renda em dinheiro, tendem a considerar o patrão enquanto tal e a acomodar-se em relações neutras e impessoais, ao passo que os subproletários exprimem ordinariamente a nostalgia das relações encantadas ou a oposição maniqueísta entre o mau contramestre e o bom patrão.

Somente a referência a uma situação de desemprego crônico permite compreender por que cerca de três quartos dos indivíduos ocupados dizem não gostar de seu ofício; que entre as causas de insatisfação sejam invocadas somente a insuficiência do salário e o caráter difícil ou perigoso do trabalho; que ninguém deplora estar desprovido de iniciativa no trabalho e de estar reduzido ao rol de executante; que a insuficiência do salário sobrepuja todas as outras razões de descontentamento, tais como a distância do local de trabalho, o caráter monótono ou cacete da tarefa, os maus tratos ou os trotes infligidos pelos superiores (e isso é evidenciado muitas vezes pela revolta e o desprezo que se vincula a um trabalho degradante); que somente alguns trabalhadores das categorias mais favorecidas valorizam o interesse intrínseco de sua tarefa e dela esperam enriquecimento ou prestígio; que a aspiração para relações mais humanas no ambiente de trabalho exprime-se somente sobre o modo da nostalgia resignada ou da revolta impotente; que mais de dois terços daqueles que dizem não gostar de seu trabalho declaram também não procurar outro; e, enfim, que o descontentamento generalizado coincide com uma grandíssima estabilidade no emprego.

> Conscientes do excedente de mão de obra e sabendo-se também tão pouco substituíveis quanto possível, a maioria dos trabalhadores, operários ou empregados não tem outra preocupação senão a de conservar seu emprego, por detestável que seja. Seria preciso reproduzir a litania das razões invocadas por alguns, para explicar o fracasso de sua procura, por outros, sua renúncia à procura. "Não, não procurei outra coisa, porque não teria encontrado. Não posso fazer nenhuma outra coisa; para encontrar trabalho, é preciso ter instrução. Onde é que vocês acham trabalho, hoje em dia? O batente, ou é isso ou nada. De outro modo, morreria de fome". "Não tenho ofício, é este o meu ofício". A adesão forçada a um emprego ao qual nenhuma razão exprimível os prende não pode se compreender senão em referência ao medo do desemprego. Toda sua atitude com respeito ao seu emprego encerra-se nessa fórmula de um servente de Philippeville: "Com certeza, sou obrigado a gostar dele [meu trabalho]; aquele que apanha um osso diz 'isto é carne'". Posta a situação do desemprego estrutural, o fato de ter um emprego, e acima de tudo um emprego permanente, de preferência a estar desempregado, não pode não aparecer como um privilégio.

A instabilidade escolhida é reservada àqueles que, devido à sua qualificação, têm garantia de achar trabalho facilmente. Para os outros, só resta a instabilidade forçada e o receio de serem dispensados, perante o que tudo cede e tudo se apaga. Os mais desprovidos precisam muitas vezes escolher entre a fome e o desprezo. Do mesmo modo, a reivindicação da dignidade, nunca ausente, não pode senão ceder diante do imperativo do trabalho a qualquer preço. Ela não passa realmente para o primeiro plano senão para uma minoria de privilegiados, isentos da preocupação pelo [...] burgueses, funcionários subalternos

[...]cebido como tal de maneira evidente, [...]ais aviltante, sempre permanece como [...]isa que não um simples ganha-pão e [...]ão intensamente receado senão por [...]ica intensificada por uma mutilação [...]ender, com efeito, se nos colocarmos [...]ntabilidade econômica, a conduta de [...]comerciantes ambulantes, vendedores [...]e durante o dia todo arrastam, pelas [...]arretas na esperança de vender duas [...]umas roupas usadas ou um pacote de [...]leria ser, para aqueles que a exercem [...]a função desse tipo de trabalho – que [...]de *ocupação*?

[...]r, o pequeno comércio é a única ocu-[...]pital inicial algum, nem a qualificação [...]a aptidão especial, nem a instrução, [...] o local, nem "as proteções". Esse é [...]so daqueles que nada têm e a quem [...]as as profissões, inclusive, por falta de [...]ssões pesadas e unanimemente des-[...]cada". De um modo geral, o problema do investimento inicial não é colocado. Pode-se não levar em conta "o equipamento", caixotes colocados sobre rodas de bicicleta, carrinhos de criança sobre os quais é fixada uma tábua de madeira que tem função de balcão, carretos de rodas ocasionais com varais onde são penduradas roupas de baixo, roupas usadas, bibelôs, um sem-fim de outras criações tão insólitas quanto engenhosas. A mercadoria é adiantada por um parente ou um amigo, sendo reembolsada depois de se ter efetuado a venda. Sem os mandatários o saberem, alguns vendedores do Mercado cedem legumes a baixo preço para parentes ou pessoas de sua aldeia. Mas a situação dos vendedores ambulantes nem sempre é tão favorável:

> Agora, estou vendendo melancias. Às vezes, fico em pé o dia inteiro sem ganhar absolutamente nada [...]. Hoje, vendi mercadoria por oitenta francos antigos e fiquei em pé o dia inteiro. Se ganhasse cinquenta francos por dia, seria bom. Mas infelizmente não ganho absolutamente nada. Há dias em que as melancias apodrecem e sou obrigado a jogá-las fora. Sou obrigado a comprar um quintal de melancias a crédito. Quando tiver vendido a mercadoria, aí então irei pagar o negociante. Há vezes que dou para ele tudo que ganhei, e fico sem ao menos um tostão.

Sem dúvida, os lucros procurados por essas ocupações, por irrisórios que sejam, não são de se desprezar para aqueles que nada têm. Contudo, a consideração única do interesse e do lucro não é suficiente para explicar a proliferação de todos esses "falsos ofícios". A pressão da necessidade econômica e a situação de desemprego estrutural têm por efeito perpetuar práticas que tomam de empréstimo suas justificações à moral camponesa do passado. Não é raro ouvir a enunciação de preceitos que, em primeira análise, parecem pertencer à lógica do *éthos* profissional: "Um homem digno, um homem que não quer viver à custa de outros, mesmo que tenha de viver de expedientes, tem de trabalhar. Se ele não encontrar nenhum trabalho, ainda tem a possibilidade de ser vendedor ambulante (cozinheiro, Argel)".

Isto é, na linguagem de outrora, "cortar a própria bengala". E não há dúvida que, para os subproletários das cidades que conservam viva a preocupação da dignidade própria, as aparências de ocupação são o último recurso contra a derradeira perda de poder daquele que se faz nutrir pelos outros, que vive a cargo dos parentes ou dos vizinhos. Tal atividade não tem, na verdade, outra finalidade senão a de salvaguardar o respeito de si próprio.

É necessário, do mesmo modo, outorgar o mesmo sentido e a mesma função à atividade simbólica do subproletário das cidades e àquela do camponês de outrora? Apesar da identidade aparente, a atividade tradicional, conforme as expectativas do grupo, diferencia-se do trabalho enquanto atividade produtiva do mesmo modo que a simples ocupação. Uma sociedade que, como a sociedade camponesa, atribui-se o dever de dar trabalho a todos os seus membros, que, ignorando a noção de trabalho produtivo ou lucrativo e, ao mesmo tempo, a raridade do trabalho, exclui a consciência do desemprego, pode estimar a possibilidade de que sempre haverá algo a fazer para quem quer fazer alguma coisa e tratar o trabalho como um dever social e a ociosidade como uma falta moral. Identificando-se a atividade à função social e não se medindo o produto em espécie (e menos ainda em dinheiro) do esforço e do tempo despendidos, cada qual está no direito de sentir-se e de dizer-se ocupado, conquanto preencha o papel que convém à sua idade e a seu código. Na sociedade urbana, ao contrário, a atividade que não garante uma renda em dinheiro aparece como mutilada do que é, segundo a nova lógica, o seu resultado natural.

É somente porque os trabalhos que trazem uma renda lhes são interditos, que os subproletários renunciam à satisfação econômica para se inclinarem para as ocupações cuja função principal, senão exclusiva, nada mais é que a procura de uma justificação perante o grupo. Tudo se passa como se houvesse, por força das coisas, a dissociação entre o trabalho e seu resultado econômico, por vê-lo menos ligado a seu produto do que como oposto ao não trabalho. Trabalhar, mesmo que por uma renda ínfima, é, perante si mesmo e perante o grupo, fazer tudo o que é possível para ganhar a vida, para distanciar-se da condição de desempregado. Ao estar na impossibilidade de encontrar um trabalho verdadeiro, tenta-se preencher o abismo entre as aspirações irrealizáveis e as possibilidades efetivas, desempenhando um trabalho cuja função é duplamente simbólica pelo fato de trazer uma satisfação fictícia àquele que a realiza, ao mesmo tempo que lhe proporciona uma justificação perante os outros, aqueles que a pessoa tem a cargo e aqueles a quem essa pessoa recorreu para subsistir. Por seu lado, o grupo não pode razoavelmente responsabilizar os desempregados pela sua falta de emprego; mas está em seu direito esperar que eles se ocupem com alguma coisa. A lógica das relações entre parentes nunca exclui de maneira absoluta a consideração do interesse e do cálculo; do mesmo modo, não se considera obrigatório estar ligado aos deveres de solidariedade senão para com aqueles cuja atitude é testemunho de que são vítimas de uma situação objetiva e não de sua incapacidade ou de sua preguiça.

Desde então, o trabalho entendido como ocupação não mais se define senão em termos negativos. A consciência dos obstáculos que impedem a obtenção de um emprego constituiria, aos olhos de todos, um pretexto irrecusável e seria suficiente para exonerar o indivíduo de sua responsabilidade se este continuasse a acreditar que, pelo menos idealmente e segundo uma outra lógica, sempre existe a possibilidade de fazer algo em vez de nada. Mas, ao mesmo tempo, cada qual tende a admitir também que só é trabalho verdadeiro aquele que traz uma renda em dinheiro. Por aí explica-se que para justificar a atividade como ocupação tenha se recorrido a ideologias ambíguas, misturando-se as lógicas capitalista e pré-capitalista: "Se ele não encontrar trabalho algum", dizia um informante, "ele poderá sempre ser um vendedor ambulante". E o mesmo acrescentava:

> Se trabalhar significa ter um ofício, praticá-lo de maneira estável e dele viver corretamente, [...] é outra coisa. Se trabalho quer dizer fazer alguma coisa, fazer não importa o que para não ficar de braços cruzados, para ganhar seu sustento, aí, só os preguiçosos não fazem nada.

Pode-se, ao mesmo tempo, lembrar o dever categórico de trabalhar, mesmo por um lucro mais ou menos nulo, e insistir no fato de esse lucro, por derrisório que seja, não ser desprezível; ainda que a sociedade camponesa nunca dissocie a função social e a função econômica da atividade, opera-se uma distinção entre essas duas funções, entre o trabalho no sentido de atividade produtiva e lucrativa, e o trabalho como maneira de preencher suas obrigações para com o grupo.

A dualidade das normas de referência segundo as quais os subproletários falsamente ocupados julgam sua própria atividade (e segundo as quais eles são julgados por seu grupo) é de fato uma realidade ambígua que, para ser compreendida, supõe que se tenha recorrido, alternativa e sucessivamente, a duas cifras diferentes. É assim que a atividade como simples ocupação, que suprime toda correspondência entre o lucro e o tempo de trabalho, é totalmente absurda se se fizer referência ao princípio único da racionalidade econômica e isso faz pensar na conduta dos camponeses antigos, que assentava-se na incomensurabilidade de fato e de essência entre os meios utilizados e a finalidade obtida e, mais exatamente, na ausência de qualquer consideração e de toda quantificação (pela expressão do tempo de trabalho em dinheiro) das despesas do trabalho.

Mas, para o camponês à moda antiga, a ausência de cálculo e de contabilidade é um dos aspectos essenciais da ordem econômica e social da qual participa: sempre dotada de uma pluralidade de funções não quantificáveis e incomensuráveis entre as quais a função econômica nunca está isolada e constituída enquanto tal, usando meios de ordens diferentes, eles mesmos estranhos à quantificação e à medida, sua atividade econômica realiza finalidades tradicionalmente definidas por meios tradicionais. Ao contrário, mesmo quando a necessidade os condena a entregar sua conduta econômica e toda sua existência à incoerência, o subproletário das cidades e o camponês proletarizado detêm, do sistema econômico ao qual eles devem se curvar, a ideia de calculabilidade e mesmo a aptidão a se dobrarem ao cálculo, *in abstracto*. Do mesmo modo, é frequente que eles considerem sua atividade como sendo desprovida de rentabilidade e, por conseguinte, de significação.

> Na loja [diz um comerciante de Tlemcen], fico o dia inteiro, desde sete da manhã até oito da noite. Fico livre apenas na sexta-feira à tarde. Sei que nada vai vender. Vendo apenas alguma coisa de manhã, quando as mulheres saem para fazer compras, mas fico assim mesmo dizendo "Talvez tenha algum cliente". Isso acaba por se tornar um vício, asseguro-lhe! Um vício! Chego lá, não faço nada, espero. Mas é preciso que eu esteja lá. É um vício! Não ganho o suficiente para poder sustentar a minha família.

De fato, seja aparecendo como o puro produto da necessidade, ou como o fato de uma obediência estrita à lógica antiga, as novas condutas sempre são acompanhadas de um mínimo de ideologias que visam racionalizar as escolhas forçadas: a consciência de que se pode agir de outro modo acha-se englobada na consciência de estar impedido, de fato e pela força das coisas, de agir de outra maneira: "Como não gostar de meu trabalho? Quem não gostaria de elevar-se?" Outras tantas interrogações, mil vezes ouvidas, que dão testemunho de que a necessidade não pode aparecer como tal senão a uma consciência para quem existem outros possíveis.

Entre todos os trabalhadores que dizem aceitar fazer horas extras suplementares, não há um que indique outra finalidade que não seja a preocupação de ganhar mais "para fazer a família viver"; todavia, não há ninguém que não compreenda o sentido da noção, pelo menos o suficiente para dizer que ela não tem sentido para quem já trabalha o dia inteiro, o que supõe a referência implícita ao trabalho limitado no tempo e à noção correlativa do salário-hora. Se em sua maioria os subproletários identificam o salário que acham estar merecendo com o rendimento necessário à satisfação de suas necessidades, se eles muitas vezes ficam indignados pelo fato de essa remuneração não ser definida em função do número de crianças, segundo o princípio "a cada um segundo suas necessidades" e não "a cada um segundo seus méritos", se muito raramente eles fazem intervir em suas avaliações a noção de salário por hora, eles não podem ignorar, todavia, as exigências que o novo sistema lhes propõe ou impõe, mesmo quando ele os impede de realizá-las[8].

Com a necessidade econômica que tendendo a impor a subordinação de todas as finalidades (e, em particular, das finalidades tradicionais) e de todos os meios de atividade ao lucro monetário, as antigas normas e particularmente aquelas que regulavam as relações com os parentes, assim como os antigos valores de honra e de solidariedade, devem

---

8 Um sem-número de pesquisados julga sua situação em relação àquela dos funcionários: "Se eu trabalhasse na administração, teria horários fixos e poderia tirar férias" (patrão leiteiro, Argel). "Não posso fazer horas extras, meu trabalho não é limitado [...]. Um comerciante não tem horários fixos; refiro-me ao nosso país" (empregado de um comerciante de tecidos, Tlemcen).

também contar com as exigências do cálculo e, às vezes, se curvar a ele. No Sul argelino, onde a economia tradicional se manteve relativamente intacta, o chefe da família (isto é, segundo a convenção adotada pela pesquisa, aquele que se declara como tal) é geralmente o mais idoso: sua autoridade é apoiada nos fundamentos tradicionais e permanece absolutamente independente de sua contribuição à vida econômica do grupo, permanecendo os outros membros da família numa relação de dependência, qualquer que seja sua contribuição efetiva. A indivisão garante a autoridade do patriarca que, por sua vez, garante a unidade da família indivisa. De um modo geral, e mesmo que ela se torne cada vez mais rara, ela é mais facilmente admitida em meios rurais, porque a penetração do espírito monetário é aí menos profunda e as atitudes correlativas menos largamente propagadas, mas também e acima de tudo porque o mais óbvio de todos os recursos continua a ser o produto direto da agricultura. Nas regiões em que a penetração da economia capitalista é maior, na Cabília por exemplo, e *a fortiori* nas grandes cidades, é, cada vez mais, considerado o chefe da família aquele que traz a maior contribuição para o orçamento familiar, qualquer que seja a sua idade. É preciso evidentemente matizar. O pai, quando trabalha com seu filho e ainda é relativamente jovem, pode conservar a autoridade efetiva; e o mesmo acontece em relação ao irmão mais velho. Na maioria das vezes, uma espécie de divisão dos poderes opera-se espontaneamente, sendo que o jovem chefe da família tende a tomar decisões que dizem respeito à vida econômica da família e ao conjunto das relações com o mundo econômico moderno ao qual ele está objetivamente melhor adaptado, muitas vezes por ser mais instruído. Em resumo, a análise das situações concretas faz aparecer variadas formas de relações possíveis, desde a conservação da autoridade patriarcal até o completo desarranjo da relação costumeira.

A construção de uma representação coerente do mundo social e da posição ocupada nesse mundo obedece às mesmas condições de um modo de vida. A tomada de consciência como a tomada de posse da verdade de sua própria posição nas relações de produção e dos mecanismos sociais que a produzem e tendem a reproduzi-la não é independente da posição ocupada nessas relações e da ação dos mecanismos que a determinam (no duplo sentido). Em resumo, há condições econômicas necessárias à tomada de consciência das condições econômicas (ver a tabela a seguir).

Resulta disso uma primeira consequência: a manifestação de uma pluralidade de rendimentos em dinheiro, mensuráveis e comensuráveis, encerra uma virtual ruptura e ameaça a autoridade do chefe da família, pois a dependência econômica dos outros membros diminui e cada um deles pode reivindicar sua parte do rendimento global. Com efeito, desde que as entradas respectivas sejam efetuadas em forma de dinheiro, a contabilidade racional se torna possível, podendo cada indivíduo ou cada família avaliar exatamente a parte que lhe cabe dos rendimentos e das despesas. É o fim dessa espécie de "repressão" do cálculo que a indivisão autorizava e que, por sua vez, amparava a indivisão:

> Em casa [diz um servente de Orleansville], somos quatro irmãos e duas irmãs com seus maridos. Ao todo há 28 moleques. Somos 48 pessoas. Deixamos de fazer a comida em comum porque as mulheres diziam: "Meu moleque não tem comida suficiente". Sempre discussões. "Minha mãe come agora comigo", diz o mais velho.

Ao mesmo tempo condição da racionalização da economia doméstica e da conduta econômica em geral, e produto dessa racionalização, como é demonstrado pelo fato de a família tender a se tornar a unidade econômica e social de base à medida que crescem o grau de adaptação ao sistema

QUADRO SINÓTICO DE ALGUNS DOS DADOS ESTATÍSTICOS UTILIZADOS

Subproletários	Número médio por família			Analfabetos	Que falam francês corretamente	Que vestem roupa europeia	Pistolão é suficiente	Descontentes (com seu ofício)	Aceitariam outro emprego por 50 francos a mais	Ascensão profissional		Endividados	Favoráveis ao trabalho das mulheres
	De pessoas	De crianças	De pessoas empregadas							Expectativa irrealista	Expectativa realista		
				%	%	%	%	%	%	%	%	%	%
Desempregados e diaristas	5,7	2,6	0,40	81,2	12,5	43,8	83,3	100,0	86,2	51,8	0,0	34,4	15,6
Pequenos comerciantes	6,0	2,6	-	69,2	15,4	15,4	92,3	100,0	72,7	50,0	0,0	53,9	0,0
Trabalhadores sem qualificação	6,2	3,2	1,52	71,4	50,0	71,4	85,7	100,0	100,0	38,4	7,6	71,4	15,4
Artesãos e comerciantes	7,3	3,7	1,48	65,0	30,0	45,0	52,6	90,0	50,0	50,0	0,0	95,0	15,0
Trabalhadores manuais permanentes e qualificados	6,4	3,0	1,05	48,3	75,9	86,3	67,8	75,8	41,3	20,7	58,7	20,6	39,3
Trabalhadores não manuais	6,1	3,0	1,36	0,0	100,0	83,3	41,6	66,5	41,6	8,3	75,1	41,7	27,3
Empregados do setor público ou privado	7,2	2,8	1,75	0,0	100,0	83,3	41,6	33,5	18,1	33,3	66,1	16,7	36,3

Frisamos, em cada coluna, as duas tendências de maior peso. O quadro deve ser lido da seguinte maneira: os desempregados e os diaristas pertencem a famílias que compreendem em média 5,7 pessoas; 2,6 crianças; 0,4 pessoas empregadas. A cada 100 desempregados e diaristas: 81,2 são analfabetos, 12,5 falam corretamente o francês, 43,8 usam roupa europeia etc.

econômico moderno e o montante dos rendimentos, a expansão da família ampla é refreada pela crise habitacional que mantém congregadas famílias destinadas a separarem-se desde que para isso tenham possibilidade. Se opõe obstáculo à racionalização da conduta, porque, como a indivisão, interdita os empreendimentos de longo prazo e mantém as famílias na incoerência forçada, impedindo o cálculo, a coabitação permite aos mais pobres realizar uma forma de equilíbrio, em razão, entre outras coisas, da pluralidade das fontes de rendimentos (simultâneas ou sucessivas) para uma despesa única:

> Meu pai era comerciante [diz um negociante de tecidos de Tlemcen], ele me convenceu a tomar uma casa comercial de trespasse em sociedade com ele. Ele agora está velho, mas tem sempre o seu comércio e trabalha. É graças a ele que a família vive; eu tenho três crianças, não tenho dinheiro suficiente. Não poderia viver com o que eu ganho e é ele que nos ajuda. Não se pode agir de outro modo [...]. Ser-me-ia preciso ter de três a quatro mil francos por dia para poder viver sem a ajuda de meu pai, eu sozinho com minha mulher e meus filhos.

Além do incremento da autonomia da família que tende a tornar-se uma unidade econômica independente e mesmo, cada vez que seus recursos o permitam, desligar-se, a mudança de estrutura da atividade dos diferentes membros da família determina um certo número de transformações importantes. Em primeiro lugar, mesmo quando a urbanização leva à emancipação em outros domínios, a dependência econômica da mulher aumenta, e isso tanto mais porque a adoção (mesmo que parcial e inconsciente) das disposições econômicas capitalistas leva a depreciar as atividades femininas, não reconhecendo como trabalho verdadeiro senão aquele que produz um rendimento monetário. Sem poder trabalhar fora de casa, ela tem a seu cargo a parte interna e permanece completamente alheia (salvo nas camadas mais favorecidas) às decisões econômicas importantes, desconhecendo às vezes até o salário do marido. Enquanto a ideologia que venha a justificar e valorizar sua nova função não está formada, ela se acha relegada a um rol e a uma categoria inferiores de maneira mais brutal e mais total do que antigamente, porque o novo universo econômico e social tende a desapossá-la das próprias funções que a antiga sociedade lhe reconhecia.

Por outro lado, sabendo que o subemprego crônico tende a agir em sentido oposto, a dependência dos jovens em relação aos pais diminui desde o momento em que eles trazem um salário, e particularmente quando, sendo mais instruídos do que seus antepassados, eles estão mais bem adaptados ao mundo econômico. Assim, ao passo que na sociedade tradicional os jovens permaneciam na dependência de seu pai enquanto ele estivesse vivo, na sociedade urbana lhes são asseguradas às vezes as condições econômicas de emancipação. Conscientes de estarem trazendo uma parte do rendimento familiar, eles exigem participar da gestão do orçamento mesmo quando continuam, como acontece muitas vezes, entregando seu salário ao pai, em parte ou na totalidade. Não há família que não seja teatro de um conflito de civilizações. Todavia, a tensão entre as gerações (que muitas vezes se complica quando há coabitação de três gerações) nem sempre acha uma forma aguda, seja porque o filho, mais respeitoso da tradição, aceite entregar, sem fazer contas, a totalidade de seus ganhos – coisa frequente no artesanato ou no comércio –; seja porque as famílias se separam, para grande indignação dos pais; seja ainda porque o pai, caso este sempre mais frequente, aceita, quer queira, quer não, o novo modelo das relações entre pais e filhos, assim como a ideologia correspondente; seja enfim, solução extrema, porque o pai ou o irmão mais velho dá uma mesada ao filho ou ao caçula.

A emancipação dos jovens é tão mais precoce quanto mais rapidamente eles conseguem um emprego estável e bem remunerado, quanto mais eles são instruídos ou, mais exatamente, quanto maior é a diferença entre o nível dos pais e o dos filhos. O caso extremo é aquele das famílias em que o pai analfabeto é obrigado a recorrer ao filho ou à filha, ainda meninos, para ler ou redigir as cartas, preencher os formulários administrativos ou mesmo orientar suas decisões no que diz respeito à vida econômica da família. Mais amiúde, vê-se o pai, à maneira daquele artesão de Tlemcen, manter uma autoridade absoluta sobre os mais velhos desprovidos de instrução, e deixar uma liberdade quase que total aos mais moços que frequentam a escola. Subsiste o fato de, na maioria dos casos, a autoridade indiscutida do chefe da família, dispensador e ordenador de todas as coisas, chegar ao fim. Os mais agarrados à ordem antiga devem se acomodar aos novos valores que se introduziram irresistivelmente em consequência da generalização das trocas monetárias e independentemente da influência exercida pelo exemplo da vida familiar dos europeus; com efeito, as disposições que são solidárias a essa economia, a começar pela busca do lucro e o espírito de cálculo, são antípodas daquelas que garantiam a salvaguarda da família tradicional: ao passo que na sociedade antiga as relações econômicas eram concebidas sobre o modelo das relações de parentesco, as relações de parentesco não mais estão, elas mesmas, ao abrigo do cálculo econômico.

À medida que aumentam o grau de adaptação à economia capitalista e o grau de assimilação das disposições correlativas, a tensão entre as normas tradicionais que impõem deveres de solidariedade para com a família numerosa e os imperativos de uma economia individualista e calculadora não param de aumentar. Os subproletários estão submetidos a pressões contraditórias que originam atitudes ambíguas: é assim que as necessidades da economia podem desenvolver neles o espírito de cálculo que a necessidade econômica impede que eles exerçam em sua conduta cotidiana. Mais precisamente, o espírito de cálculo que se introduz, já foi visto, com a calculabilidade (isto é, concretamente, com as rendas monetárias), contradiz o tipo antigo de relação familiar e isso no momento em que os embaraços econômicos e a crise habitacional impõem muitas vezes a conservação ou a reconstituição das grandes famílias. A indivisão das favelas é mais próxima daquela que os cabilas chamam de "divisão do interior" do que daquela que dava sua coesão à família numerosa de outrora: para não faltar com a honra, algumas famílias levam a indivisão para o interior e efetuam secretamente a partilha de todos os bens, mantendo inteiramente por fora a ficção da unidade; do mesmo modo, as famílias da cidade não apresentam, muitas vezes, senão as aparências da indivisão, porque o espírito de cálculo corrói uma unidade imposta pela necessidade.

Desse modo, a necessidade econômica pode impor aos mais desfavorecidos condutas em que se pode ver tanto o cumprimento como a transgressão da tradição. Essas condutas não têm sentido verdadeiramente nem em relação à lógica tradicional nem em relação àquela da economia capitalista. Na realidade, tal como uma *Gestalt* ambígua, cada conduta pode formar o objeto de uma dupla leitura, pois ela traz em si própria a referência às duas lógicas impostas pela necessidade. É assim que a existência do dia a dia do subproletário e do camponês proletarizado difere de maneira absoluta da existência rodeada de segurança do felá de antigamente. Num dos casos, a busca da subsistência é a finalidade única, unanimemente aprovada; no outro caso, a obtenção do mínimo de sobrevivência é a finalidade imposta, pela necessidade, a uma classe explorada. Pelo fato de o contexto estar mudado e de todos terem consciência disso, pelo fato de as garantias econômicas e a segurança psicológica, que eram outrora fornecidas por uma sociedade integrada e uma tradição viva, estarem abolidas, a improvisação arriscada toma o lugar da previdência costumeira e da estereotipização tranquilizadora dos comportamentos. Assim, o desemprego e o emprego intermitente trazem consigo uma desorganização da conduta que seria um erro ver como uma inovação fundada em uma mudança da atitude. O tradicionalismo do desespero e a falta de planejamento de vida são as duas faces de uma mesma realidade.

CAPÍTULO 3

ESPERANÇAS SUBJETIVAS
E PROBABILIDADES OBJETIVAS

Afastar-se do mundo a fim de encará-lo ou dominá-lo significa afastar-se do presente imediato e do futuro iminente, urgência e ameaça, das quais o presente está cheio. Limitado no presente, o subproletário só conhece o futuro sem as amarras do devaneio. Porque o campo dos possíveis tem os mesmos limites do campo das possibilidades objetivas, o projeto individual e a consciência revolucionária seguem juntos. Para que as condutas individuais – a começar pelos atos econômicos – possam organizar-se segundo um plano de vida e para que possa se formar uma consciência sistemática e racional do sistema econômico como tal é preciso que a pressão da necessidade econômica se abrande, o que interdiz a suspensão da adesão fascinada ao "dado" atual, condição da posição de "possíveis paralelos". Resulta disso que nas diferentes etapas do *processus*, que leva da existência deixada ao acaso para a conduta econômica regulada pelo cálculo, correspondem diferentes formas de consciência do desemprego e de consciência revolucionária[1].

1   A fim de tornar evidente de modo mais claro a afinidade estrutural que une as disposições políticas e as disposições econômicas, ►

Interrogados sobre a renda que seria necessária para viverem bem, os indivíduos providos de recursos mais medíocres tendem, em sua maioria, a formular aspirações desmedidas que parecem distribuir-se ao acaso, sendo a variação entre a renda estimada como necessária e a renda real, na maioria das vezes, gigantesca. Tudo se passa como se a maioria dos subproletários fosse incapaz de medir suas necessidades, mesmo sobre o modo de efetuar o cálculo abstrato. E contudo, pois ela faz parte das preocupações mais rotineiras, mais urgentes, a avaliação das necessidades tem menores probabilidades de ser desprendida da realidade do que as opiniões relativas aos aspectos da existência a propósito dos quais, como diz um dos inquiridos, "é permitido sonhar".

Se for sempre necessário hierarquizar as opiniões que empenham o futuro segundo sua modalidade, desde o devaneio até o projeto arraigado na conduta presente, é preciso não esquecer que o grau de compromisso na opinião formulada é função do grau de acessibilidade do futuro visado; ora, esse futuro é mais ou menos acessível segundo as condições materiais de existência e o estatuto social de cada indivíduo, por um lado e, por outro lado, segundo o domínio da existência que se acha empenhado: assim, por exemplo, as opiniões relativas ao futuro das crianças, que supõem um plano de vida para duas gerações, são ainda mais desordenadas do que a avaliação das necessidades.

Não causará admiração ao observar que as aspirações tendem a se tornar mais realistas, mais estritamente medidas às possibilidades reais, conforme estas últimas se elevam. É assim que a variação entre o rendimento estimado necessário e o rendimento atual diminui à medida que o rendimento aumenta, o que significa que a distância entre o nível de aspiração e o nível de realidade, entre as necessidades e os meios,

> ▷ representou-se sob forma sinóptica e esquemática a descrição dos diferentes sistemas de disposições, que serão retomadas mais adiante.

tende a decrescer com o aumento dos rendimentos. O cálculo econômico se encarna progressivamente na conduta, à medida que a melhoria das condições materiais o permite.

Extremamente reduzido para os subproletários, condenados a planejar possíveis impossíveis, o campo do futuro real, isto é, realmente acessível, não para de se desenvolver conforme os rendimentos aumentam. O grau de liberdade que é concedido a cada trabalhador – liberdade de escolher seu emprego e seu empregador, de definir o ritmo e a qualidade de seu trabalho, de reivindicar o respeito nas relações profissionais –, varia consideravelmente segundo as categorias socioprofissionais, os rendimentos e, acima de tudo, segundo o grau de qualificação ou o nível de instrução. Do mesmo modo, o campo dos possíveis tende a se alargar à medida que a pessoa se ergue na hierarquia social: enquanto a grande maioria não pode esperar da antiguidade na empresa nem da ação reivindicativa uma melhoria de sua situação profissional e uma elevação de seu estatuto social, uma minoria de privilegiados beneficia-se de um conjunto de garantias que dizem respeito ao presente e ao futuro. Como a ascensão no espaço de uma vida, a mobilidade em duas gerações, sempre relativamente fraca, varia grandemente segundo as categorias[2].

Seja ao avaliar as necessidades da família ou ao se considerar o futuro das crianças – que aparecem como um encargo desde que se faça concretamente caso de seu futuro e, de modo particular, de sua educação –, seja ao se considerar seu próprio futuro profissional ou ao se emitir apreciações

---

2   Para os filhos de agricultor ou de operário agrícola, a ascensão social, sempre muito rara, supõe a ruptura com o meio familiar pela emigração para as cidades ou para a França. Para os filhos de comerciantes e de artesãos, as esperanças de promoção são tanto mais reduzidas quanto a herança profissional for maior, as tradições de profissão mais fortes e a probabilidade de uma herança importante mais elevadas. São os pequenos comerciantes que fornecem um contingente relativamente importante de operários e de empregados.

gerais sobre a sociedade, as opiniões se tornam mais realistas, isto é, mais estritamente relacionadas à realidade, e mais racionais, mais estritamente submetidas ao cálculo, à medida que as possibilidades efetivas aumentam (do que o nível de instrução e o rendimento são bons índices). A esperança de elevar-se na profissão varia de maneira significativa segundo a categoria socioprofissional, do mesmo modo que a modalidade dessa esperança. A instabilidade do emprego e a irregularidade dos rendimentos que daí resultam, a ausência de garantias que dizem respeito ao futuro, mesmo o mais próximo, a consciência (exasperada pela experiência) da absoluta falta de todos os meios indispensáveis para poder apartar-se da incoerência e do acidente, condenam ao desespero. Interrogados quanto às suas esperanças de elevar-se em sua profissão, os subproletários respondem muitas vezes em tom de brincadeira: "Não espero nada", disse um cantoneiro de Saïda, "para mim, é a pá e a enxada". Não só toda esperança razoável de ascensão social lhes é interditada, mas a ideia mesmo de tal esperança:

> Trabalho o ano todo por nove mil francos por quinzena, mais dois mil francos por mês. Isto perfaz vinte mil francos. Com nove pessoas a cargo, como querem que eu viva com isso? Eu tenho que empurrar os carros, nem ao menos temos o direito de os ligar. Fico vigiando. É sempre a mesma coisa, todos os dias, há longo tempo. Elevar-me! Estão sonhando, ou querem que eu sonhe? Não tenho ofício e não é fazendo o que eu faço que vou aprender um. Ah, se eu fosse instruído, teria encontrado outro trabalho… Teria podido esperar… (guarda em uma garagem – Philippeville).

Na ausência de expectativas razoáveis, só restam o devaneio e a utopia. A distância entre as aspirações e a realidade tende ao infinito. Se a esperança realista de ascensão se torna cada vez mais frequente à medida que houver aumento de rendimentos, ela parece depender mais precisamente das garantias e das certezas sobre o futuro ocasionadas pela profissão exercida. O estudo de modalidades das esperanças de ascensão em duas gerações, por meio dos desejos formulados a respeito do futuro das crianças, confirma as análises precedentes. A mira do futuro depende estritamente, em sua forma e em sua modalidade, das potencialidades objetivas que são definidas para cada indivíduo por seu estatuto social e por suas condições materiais de existência. O projeto mais individual nunca é senão um aspecto das esperanças estatísticas que estão associadas à classe.

É evidente que entre os subproletários há um abismo maior entre o imaginário e a experiência, e que a incoerência entre opiniões é mais frequente. Um desempregado de Constantine, desprovido de todo e qualquer recurso, avalia em duzentos mil francos por mês o rendimento que lhe é necessário para satisfazer as necessidades de sua família. Interrogado sobre o futuro que desejaria para seus filhos, ele declara:

> Eles iriam para a escola; quando tivessem instrução suficiente, iriam escolher por si próprios. Mas não posso mandá-los para a escola. Gostaria, se pudesse, de instruí-los durante longos anos para que pudessem ser médicos ou advogados. Mas não tenho ajuda de espécie alguma. Só me é permitido sonhar.

Mesma ruptura nítida entre as aspirações imaginárias e a situação real ocorreu com esse desempregado de Saïda que, depois de mencionar ter receio de ser forçado a retirar seus filhos da escola por falta de recursos, deseja para a filha: "que ela vá até o fim, até que ela alcance êxito; até o bacharelado[3], se puder, ou até a graduação universitária; assim ela vai poder trabalhar como professora".

3   No original, *son bac* (de *baccalauréat*), distinção acadêmica que os estudantes obtêm ao concluir o equivalente ao ensino médio, podendo ingressar no ensino superior. (N. da E.)

São os mesmos indivíduos que quando lhes é perguntado se desejam que seus filhos prossigam em seus estudos depois de terem conseguido o diploma da escola primária, respondem muitas vezes: "Sim, até o fim". Ou, então, como esse trabalhador de Oran: "Indiquem o que tiver de melhor".

Mesma ausência de matizes, mesmo irrealismo onírico nas opiniões que dizem respeito ao trabalho das mulheres. É entre os indivíduos de rendimentos mais medíocres que se encontra a percentagem mais elevada de respostas sem matizes, positivas ou negativas, indiferentemente.

Com os assalariados permanentes, penetra-se em outro universo. A consciência dos limites exprime-se simultaneamente à esperança realista de querer elevar-se:

> Gostaria de ser ajudante de enfermagem [diz um servente de enfermaria do hospital de Constantine]. Para ser enfermeiro, é preciso ser especializado. Mesmo que se peça alguma coisa, não se consegue tê-la. É preciso frequentar cursos. Aquele que é ajudante de enfermaria (com o CEP[4], isso é possível), consegue fazer alguma coisa. Com os moleques, pode-se alcançar 105 mil francos.

Interrogado quanto ao futuro de seus filhos, ele responde:

> Isso, meu amigo, é demais, ainda não pude pensar no assunto. Uma profissão no campo técnico: engenheiro, eletricista. Há médicos demais. É a técnica que falta. Se há dez bares, não se vai abrir mais um. Há médicos que estão desempregados. Se eu colocar os rapazes no campo técnico, é para que eles sejam considerados.

Esse exemplo bastará para demonstrar como as aspirações tendem a circunscrever-se à medida que aumenta a possibilidade de satisfazê-las, talvez porque a consciência das

---

4   Certificado de Estudos Primários. (N. da E.)

dificuldades interpostas se torne mais aguda, como se nada fosse realmente impossível enquanto nada é realmente possível.

Em resumo, o conjunto das atitudes econômicas define-se em relação a dois umbrais. O emprego permanente e a renda regular, com todo o conjunto de garantias sobre o futuro que asseguram, fazem chegar ao que se pode chamar de *patamar de segurança*: a razão de ser da atividade econômica fica sendo a satisfação das necessidades e o comportamento obedece ao princípio de maximização da segurança. A acessão ao *umbral de calculabilidade* (ou de empreendimento), que é essencialmente marcado pela posse de rendimentos aptos a nos libertar da preocupação pela subsistência, coincide com uma transformação profunda das disposições: a racionalização da conduta tende a se estender à economia doméstica, sítio das últimas resistências, e as disposições compõem um sistema que se organiza em função de um futuro apreendido e dominado pelo cálculo e pela previsão. Desse modo, de todos os numerosos índices de transformações do *habitus* econômico em função das condições de existência, o mais seguro é sem dúvida do número de pessoas empregadas por família: com efeito, entre os meios de aumentar os rendimentos, a multiplicação das fontes de renda pelo trabalho de vários membros da família está para as categorias mais desfavorecidas como as horas extraordinárias ou as promoções estão para as outras. Máxima para a faixa de rendimentos mais baixa, a percentagem média de pessoas ocupadas por família diminui regularmente à medida que a renda familiar aumenta e depois torna a aumentar regularmente: isso testemunha que ultrapassado o patamar de segurança impõe-se a multiplicação das fontes de rendimentos. Quando aparece um emprego permanente, os recursos de complementação, muitas vezes derivados de trabalhos casuais, perdem todo sentido, estando garantida a segurança. No umbral superior, vemos reaparecer vários empregos, mas todos eles estáveis e bem remunerados.

Esse modelo não vale, é escusado dizer, senão para os trabalhadores do setor moderno. O comércio e o artesanato constituem uma vaga protegida e reservada que oferece um refúgio para aqueles que não estão armados para a competição econômica, ao mesmo tempo que aprisiona, numa lógica pré-capitalista, capitais e capacidades que poderiam ser investidos no setor moderno.

Os capitais argelinos tendem a ser investidos no comércio ou então em setores da indústria (têxteis, vestuário, couros e peles, alimentação) onde podem ser mantidas as empresas tradicionais de tipo familiar, muitas vezes conduzidas à maneira de empresas comerciais ou usurárias, asseverando ao patrão a gestão financeira do negócio, comprando ele mesmo a matéria-prima, fixando os preços e vigiando as vendas. Como esse tipo de indústria, o comércio não exige competências técnicas complexas nem requer uma participação direta na atividade da empresa. Sabe-se além do mais que o capital empenhado pelo comerciante dá retorno mais depressa do que aquele que é investido em empresas de produção. O varejista e o revendedor, que podem conduzir seus negócios sem adquirir direitos de propriedade sobre as mercadorias comercializadas, correm o mínimo risco possível, pois das perdas devidas à degradação da mercadoria postas de lado o que eles se expõem unicamente a perder é o lucro de revenda. O empreiteiro industrial, que empenha um capital mais importante e por um tempo maior, entrega-se à conjuntura e, acima de tudo, na falta de possibilidade de poder abranger de relance o conjunto do *processus* de produção, deve recorrer ao cálculo racional dos riscos e das probabilidades. É a atitude com relação ao tempo e ao cálculo que autoriza, que faz do comércio o refúgio do espírito pré-capitalista no seio do mundo urbano e que faz com que o pequeno comerciante se aparente ao pequeno camponês por meio de tantos traços de seu estilo de vida e de sua visão do mundo.

Essas atividades das quais não se espera, na maioria das vezes, outra coisa senão os meios de subsistência constituem aos próprios olhos daqueles que as exercem, algo para que a pessoa se volta por falta de coisa melhor. A concorrência do comércio europeu e da fração racionalizada do comércio argelino (por exemplo, as empresas mozabitas em Argel e num sem-número de cidades da Argélia) sujeitam os pequenos comerciantes à clientela mais despojada que procura por eles, posto que esses comerciantes concedem crédito e desconto. Benefícios medíocres e instáveis, capital reduzido e muitas vezes empenhado sob forma de adiantamentos à clientela constituem outros tantos obstáculos objetivos à racionalização. Além disso, perpetuando muitas vezes no mundo urbano atitudes rurais, os comerciantes estão geralmente pouco propensos a racionalizar sua empresa: a maioria deles, iletrados, ignora a contabilidade de dupla entrada e a distinção entre o orçamento familiar e o orçamento da empresa e confunde muitas vezes entradas e benefícios; passa-se por transições infinitesimais do pequeno comércio como simples ocupação ao comércio realmente lucrativo. Compreende-se que o artesanato e o comércio sejam o amparo do tradicionalismo no seio da sociedade urbana: não há nada na atividade profissional, no meio de trabalho (na maioria das vezes confundido com o meio familiar), nos contatos com a clientela que possa incitar o comerciante a mudar de estilo e de modo de pensar; totalmente ao contrário, o sistema de representações e de valores legado pela tradição está perfeitamente de acordo com uma atividade econômica que exclui a racionalização.

Tantos foram os indivíduos interrogados sobre as causas do desemprego quantas foram as formas e os graus da consciência de uma mesma situação apreendida por meio das experiências diferentes[5]. Com efeito, desde a demissão

5 Apesar de ter sido imposta pela situação de controle policial que excluía todo questionamento direto sobre a guerra revolucionária, a escolha de interrogar sobre as causas do desemprego para captar atitudes políticas inspirava-se também pela preocupação de apreender essas atitudes no terreno onde elas tinham maiores ▶

pura e simples até a totalização coerente, passa-se por uma série de gradações. "Há desemprego" ou "há desemprego em demasia", "não há trabalho", ou "não há trabalho suficiente", "há muita gente" ou "há gente em demasia": esse discurso, por rudimentar que seja, funciona só na aparência. O desemprego obseda os espíritos no verdadeiro sentido da palavra. Rege as condutas, orienta as opiniões, inspira os sentimentos. E, contudo, muitas vezes escapa à consciência e ao discurso sistemático. É o centro invisível em torno do qual gravitam os comportamentos, o ponto de fuga virtual da visão do mundo.

Se a consciência do desemprego pode existir sem conseguir formular-se senão na linguagem das práticas ou em um discurso que faz um pleonasmo com a realidade, ela pode também, já foi visto, estar totalmente ausente: com efeito, enquanto o trabalho se define como função social, as noções de desemprego ou de subemprego não podem se formar. A aparição da consciência do desemprego marca uma conversão da atitude com respeito ao mundo. A adesão natural a uma ordem tida como sendo natural, por ser tradicional, acha-se suspensa; o trabalho costumeiro é percebido e medido em relação a um sistema novo de referências: a saber, a noção de emprego total tirada da experiência do trabalho no setor moderno. É assim que, com percentagens de ocupação real muito próximas, os moradores rurais das regiões cabilas de bom grado se declaram desempregados se avaliarem que sua atividade é insuficiente, enquanto, ao contrário, os agricultores e os pastores

▷ possibilidades de se exprimir com o máximo de realismo. De fato, como foi mostrado pela análise das respostas (e, acima de tudo, pela análise estatística das variações da definição implícita do trabalho e do desemprego implicada no fato de declarar-se ou não o chefe de família), o simples fato de falar de desemprego já encerrava uma imposição problemática (pelo menos quando a questão se dirigia aos menos urbanizados e aos mais velhos entre os inquiridos).

do sul argelino se dizem, antes, ocupados. Pode-se indiferentemente afirmar que os desempregados cabilas são agricultores que se declaram desempregados ou então que os agricultores do sul são desempregados que se desconhecem como tais. Alguns, antigos emigrados ou membros de um grupo profundamente transformado, em suas práticas econômicas e suas representações da economia, por uma longa tradição de emigração às cidades da Argélia ou em direção à França, julgam a atividade agrícola tradicional em referência à única atividade digna desse nome, aquela que fornece um rendimento em dinheiro, como desemprego, pois; quanto aos outros, na ausência de tal concepção de trabalho, eles não podem interpretar como desemprego a inatividade à qual estão condenados e menos ainda as ocupações que a ordem tradicional lhes outorga.

Desse modo, o desemprego pode em primeiro lugar existir "em si", sem ser apreendido enquanto tal; num segundo nível, a "consciência" do desemprego pode se manifestar na prática sem explicitar-se ou unicamente em formas muito rudimentares de discurso, tal como o enunciado pleonástico e tautológico do dado. A expressão da consciência do desemprego marca a passagem para um terceiro nível: desde então, a consciência e sua expressão estão ligadas, a riqueza e a clareza do conteúdo da consciência crescem paralelamente à riqueza e à clareza da expressão que lhes é dada. Grande número de pessoas propõe explicações parciais que outra coisa não são, na maioria das vezes, que o enunciado das experiências mais marcantes de sua vida profissional, sendo que a explicação sempre traz a marca das circunstâncias e das condições concretas de sua emergência; outras, menos numerosas, propõem uma soma de explicações unilaterais, simplesmente justapostas num conjunto aditivo, a preocupação de fazer a síntese permanece ausente na maioria das vezes, como é testemunhado pelas contradições e pelo fato de ser muitas vezes difícil discriminar entre a expressão parcial e o estereótipo[6].

É preciso deixar de lado o que se poderia chamar de quase-sistematização afetiva, isto é, uma visão unitária do mundo econômico e social cujo princípio de unificação não é da ordem do conceito, mas do sentimento, e que apreende o mundo colonial como universo dominado por uma vontade maligna e todo-poderosa. O que na prática acontece na experiência cotidiana são desigualdades concretas e conflitos particulares, sendo o sistema colonial compreendido somente por meio de suas manifestações. Também, a estrutura e os mecanismos objetivos do sistema, e acima de tudo o sistema enquanto tal, não podem senão escapar a espíritos absorvidos pelas dificuldades imediatas da vida cotidiana: a revolta é dirigida, antes de mais nada, contra pessoas ou situações individuais, nunca contra um sistema que necessitaria de transformação sistemática. E como poderia ser de outro modo? O que é percebido não é a discriminação, mas o racista; não é a exploração, mas o explorador; não é nem mesmo o patrão, mas o contramestre espanhol.

Estritamente atados a uma condição particular, os subproletários não saberiam ir além das manifestações fenomenais do sistema colonial que os aproxima e às quais eles se prendem por elas se imporem com uma urgência excepcional em sua existência cotidiana ou por estarem mais carregadas de força emocional. Convidados a dar razão a um mundo que desafia a razão, não existe outro recurso senão o estereótipo, discurso que se situa a meio caminho entre a ficção e a experiência, entre o construído e o casual, que parece referir-se ao dado quando esse é completamente forjado e que aparece como *flatus vocis* mesmo quando exprime

6   Eis aqui dois exemplos dessas duas categorias de respostas: a. Não há fábricas suficientes", ou, "Não há trabalho porque há estrangeiros em demasia"; b. "Não há fábricas suficientes: são os espanhóis que tomam todos os lugares e para nós não sobra nada, o que é que você quer?"

a experiência, porque as sujeições automáticas de palavras aí tomam o lugar das significações autênticas.

É entre os subproletários e os pequenos burgueses que se encontra a proporção mais forte de propósitos estereotipados e de discursos que obedecem à lógica da quase-sistematização afetiva. O discurso vazio não é próprio dos subproletários. Contudo, se bem que entre os pequenos burgueses a palavra vazia não exprima muitas vezes senão a pretensão desarmada, ela sempre conserva entre os subproletários uma forma de verdade e de plenitude, porque, na qualidade de queixa, ela exprime dramaticamente uma experiência dramática e não se dá nem como explicação suficiente de uma inexplicável existência, nem como expressão adequada de uma experiência inexprimível, mas como uma confissão incoerente da incoerência insuperável.

Contudo, o caráter sistemático das experiências mais diversas, desde o trote até o desemprego, é ressentido intensamente. Também a simples descrição de um dado particular, de um certo tipo de relação entre as pessoas, por exemplo, ultrapassa a si própria em direção à apreensão do sistema exterior e superior aos indivíduos.

O europeu é favorecido, aqui; para alguns, estar desempregado é uma coisa perfeitamente natural; para um europeu, é um escândalo que ninguém iria suportar, a administração, os outros europeus. Faz-se todo o possível para encontrar algo a fazer para eles. Encontram-se-lhes qualidades, qualificações; mesmo que não tenham nenhuma, faz-se o possível para encontrar alguma. E, uma vez colocadas, essas pessoas irão encontrar-se pelo menos algo acima de todos os muçulmanos. Não pode haver pior operário do que eles! O pistolão é isso, sem que se saiba quem tenha sido exatamente o pistolão; é todo o mundo (marceneiro, Argel).

Desse modo, as experiências particulares são vividas como o resultado de uma espécie de plano sistemático. Com efeito, nessa lógica, somente uma vontade pode ser responsável pelo caráter coerente e quase metódico das provas sustentadas e somente uma vontade diabólica pode se esforçar para envolver os homens numa sujeição inelutável de situações catastróficas.

O desemprego não é compreendido como o aspecto de uma conjuntura econômica e social, mas como a obra de uma espécie de Deus mau e oculto que pode se encamar, segundo as circunstâncias, "nos europeus", "nos espanhóis", "nos franceses", "na administração", "no governo", "neles", "nas outras pessoas". É isso que quer dizer quando se diz "assim são as coisas".

> Os franceses [diz um desempregado de Saïda] não querem me dar trabalho. Todos esses caras aqui ao meu lado não têm trabalho. Todos eles têm diploma; um deles é pedreiro, outro é motorista, todos eles têm um ofício. Porque então eles não têm o direito de trabalhar? Falta-nos tudo, os franceses têm tudo o que é preciso para bem viver. Mas, para nós, nada querem dar, nem trabalho nem nada.

E este dono de mercearia de Argel: "É preciso que aquele que tem trabalho o forneça, não o esconda". A frequência e a intensidade emocional com as quais é evocado o pistolão, da maneira tão pouco determinada quanto possível, fora de toda e qualquer referência, por vezes, a uma situação concretamente experimentada, mostra e evidencia que, para os mais desfavorecidos, esse é um ponto fundamental tanto da razão mítica quanto da experiência. A vida vivida como jogo de azar faz surgir poderes impessoais e personalizados, onipresentes e localizados, benéficos e maléficos, que movem e animam todo o universo social.

> Agora, [diz um carregador de Oran] é o pistolão que passa em primeiro lugar! Eh, sim! Com trabalho duro ninguém consegue chegar. A meu ver, é assim mesmo, direto, o pistolão em marcha.

O pistolão maléfico e suas manifestações, a discriminação, os colonos, os espanhóis ou as máquinas, todos esses poderes hostis, surgidos da experiência, são transfigurados pela razão mítica. E o sentimento de uma malevolência sistemática se associa naturalmente à crença no poder total do pistolão benéfico, *baraka* (benção) do subproletário.

O fatalismo pessimista, fundado na convicção de que é absurdo lutar contra uma maldade todo-poderosa, nada fica a dever ao sentimento de *maktub* (estava escrito) da antiga religiosidade. A revolta do ressentimento, que deita as culpas menos no sistema enquanto tal do que em suas manifestações, resta inseparável, na maioria das vezes, da sujeição resignada e o miserabilismo inspira-se na mesma lógica da quase-sistematização afetiva. São as mesmas pessoas as que dizem: "Eles não querem nos dar trabalho" e "Eles não nos dão o suficiente".

Substituindo a intenção pela necessidade, a pessoa se coloca à mercê dos decretos arbitrários desse poder do qual ela é vítima, mas do qual, a despeito de tudo, espera-se, como se fosse uma esmola, a satisfação das expectativas vitais. Não é esse o significado profundo da conduta dos fazedores de pedidos que se obstinam em mirar o impossível, como que para mascarar ou compensar, por uma operação substitutiva, uma derrota e uma sujeição inconscientemente reconhecidas?

A quase-sistematização afetiva é o tipo de compreensão que o subproletário faz para si do mundo econômico e social. O sentimento é o único princípio de possível unificação de uma experiência dramática dominada pela incoerência. Os sofrimentos impostos pela situação mais desumana não são motivos suficientes para que se conceba uma outra ordem econômica e social; ao contrário, tudo se passa como se fosse necessário que a miséria se afrouxasse e autorizasse a concepção de uma outra ordem econômica e social para que pudesse ser discernida como tal e imputada a um sistema explicitamente tomado como injusto e inadmissível. Posto que a miséria se lhes impõe com uma necessidade tão total, a ponto de não deixar entrever nenhuma saída razoável, os subproletários tendem a viver seu sofrimento como algo habitual, na verdade como natural, a título de componente inevitável de sua existência; e por não possuírem o mínimo de segurança e de cultura indispensável, não podem conceber claramente a mudança global da ordem social que seria capaz de abolir suas causas. Depois de mostrar seu miserável barraco e observar a absoluta falta de tudo que fosse necessário para seus filhos, um motorista de Oran acrescentava: "Minha vida, é isto. É só o salário que não é decente. De resto, somos feitos para isto".

Porque a consciência dos obstáculos objetivos à obtenção de um emprego ou de uma renda suficiente os remete para a consciência de suas incapacidades – a falta de instrução e de qualificação profissional, por exemplo –, os subproletários tendem a imputar essas faltas às faltas de seu ser antes que às faltas da ordem objetiva: "A cada qual sua sorte [diz um servente de Constantine]. Aquele que não tem instrução nada tem. Fazem-no penar até que se ajoelhe no chão. É essa a vida daquele que não sabe ler".

Eles nunca acedem à consciência de ser o sistema *também* responsável por sua falta de instrução e de qualificação profissional, isto é, ao mesmo tempo por suas faltas e pelas faltas de seu ser.

Longe de poder determinar por si só a compreensão do dado como coisa insuportável ou revoltante, a pressão da necessidade econômica tende mesmo a interditar a *tomada* de consciência, que supõe coisa totalmente diferente de uma espécie de *cogito* revolucionário. Por falta de apreender o sistema, enquanto tal, de que sua situação é um aspecto, os subproletários não podem ligar a melhoria de sua condição a uma transformação radical do sistema; suas aspirações, suas reivindicações e mesmo sua revolta se exprimem na lógica que o sistema lhes impõe. É assim que o pistolão, esse produto do sistema, é tido como o único meio para dobrar o rigor sistemático do sistema. Em resumo, a alienação absoluta aniquila a consciência mesma da alienação.

Para que a consciência do desemprego e do sistema que o funda possa se enunciar, é preciso que a urgência do mundo dê uma trégua: a consciência do não emprego e de seu fundamento objetivo é outra coisa e de outra ordem que a do conhecimento implícito que não se exprime senão na prática ou na linguagem ambígua e, muitas vezes, contraditória do sentimento. De um lado, a revolta do sentimento, expressão incerta e incoerente de uma condição caracterizada pela insegurança e pela incoerência; do outro, o radicalismo revolucionário, resultado da consideração sistemática da realidade, duas atitudes que correspondem a dois tipos de condições materiais de existência: de um lado, os subproletários das cidades e os camponeses desarraigados, cuja existência não é senão fatalidade e arbitrariedade; do outro, os trabalhadores permanentes do setor moderno, providos de um mínimo de segurança e das garantias que autorizam a perspectivação das aspirações e das opiniões. A desorganização da conduta cotidiana interdita a formação desse sistema de projetos e de previsões racionais do qual a consciência revolucionária é um aspecto. *Força de revolução*, os camponeses proletarizados e o subproletariado das cidades não formam uma *força revolucionária* na verdadeira acepção da expressão. Com o emprego permanente e o salário regular, pode-se formar uma consciência temporal aberta e racional; as ações, os julgamentos e as aspirações se ordenam em função de um plano de vida. É somente então que a atitude revolucionária toma o lugar da evasão no devaneio ou da resignação fatalista.

É por isso que é preciso recusar a tese de que o proletariado não seria, nos países colonizados, uma verdadeira força revolucionária, sob pretexto de que, à diferença das massas camponesas, ele tem tudo a perder, tendo se tornado uma engrenagem insubstituível do maquinismo colonial. É bem verdade que, numa sociedade obcecada pelo desemprego, os trabalhadores que têm a segurança de um emprego permanente e de rendimentos regulares formam uma categoria privilegiada. É bem verdade que, *sempre e em toda a parte,* o proletariado está determinado, tanto quanto por suas condições materiais de existência, pela *posição* que ocupa na estrutura social, não no ponto mais baixo, na parte mais afastada, como quer determinada representação escatológica da revolução como desarranjo, mas no topo de uma *carreira negativa,* a que conduz para a recaída no subproletariado; mais simplesmente, compreender-se-ia melhor certas práticas por demais apressadamente imputadas ao conservantismo dos proletários (ou de seus "aparelhos") se se soubesse que, ao mesmo título da solidariedade efetiva, as escassas vantagens associadas à estabilidade do emprego estão à mercê de um acidente, de uma doença, de uma corrupção, e que tudo o que os burgueses (revolucionários ou não) se apressam em descrever como sinais de aburguesamento são, em primeiro lugar, fortificações levantadas contra os reveses ofensivos da miséria.

Àqueles que têm o "privilégio" de ser o objeto de uma exploração permanente e "racional" e de se beneficiar das vantagens correlativas, cabe também o privilégio de uma verdadeira consciência revolucionária: esse objetivo realista do futuro não é acessível senão àqueles que têm os meios de enfrentar o presente e de nele procurar um início de execução de suas esperanças, em vez de se deixarem levar a uma sujeição resignada ou a se entregar à impaciência mágica dos que estão por demais esmagados pelo presente para poder visar outra coisa que um futuro utópico, negação imediata e mágica do presente.

CAPÍTULO 4

AS CONDIÇÕES ECONÔMICAS DA TRANSFORMAÇÃO DAS DISPOSIÇÕES ECONÔMICAS

As disposições econômicas e políticas não podem ser compreendidas senão em referência à situação econômica e social que estrutura toda a experiência pela mediação da apreensão subjetiva do futuro objetivo e coletivo; essa apreensão depende em sua forma, em sua modalidade e em seu conteúdo, das potencialidades inscritas objetivamente na situação, isto é, do futuro que se propõe a cada agente como sendo acessível, a título de futuro objetivo da classe a qual ele pertence. Na Argélia, assim como na maioria dos países em desenvolvimento, a delimitação mais nítida é aquela que separa os trabalhadores permanentes, manuais ou não, da massa dos desempregados ou dos trabalhadores intermitentes, diaristas, trabalhadores não qualificados ou pequenos comerciantes, e outras tantas condições intercambiáveis que cabem muitas vezes sucessivamente ao mesmo indivíduo. De fato, a cada uma das condições econômicas e sociais corresponde um sistema de práticas e de disposições organizado em torno da relação com o futuro que aí se acha implicado. Esses sistemas de disposições podem ser descritos sincronicamente como devendo distribuir-se segundo a hierarquia objetiva das condições econômicas e sociais às quais eles correspondem. Mas pode-se também ver aí outras tantas etapas de um *processus* ordenado: considerando que, no instante t, os sistemas de disposições de dois indivíduos ou de duas classes sociais A e B são definidos por condições econômicas e sociais x_A e x_B, supõe-se que na época t1 o indivíduo ou a classe A, tendo adquirido a condição B, irá adotar o comportamento que era o de B na época t. A partir disso, pode-se considerar que a descrição dos sistemas de disposições das diferentes classes sociais é ao mesmo tempo uma descrição das diferentes etapas do *processus* de "racionalização".

> Ao escolher estudar o *processus* de adaptação dos trabalhadores ao sistema capitalista e a assimilação das categorias que ele pressupõe e exige, evitar-se-á evidentemente ignorar que a confrontação de sociedades, o conflito de culturas e as mudanças culturais e sociais que disso resultam, efetuam-se sob a pressão da necessidade econômica a mais implacável e não adquirem seu inteiro sentido senão em referência ao sistema colonial e ao que faz sua especificidade, a saber a relação de denominação que impõe aos colonizados a adoção da lei do colonizador, em matéria de economia, e mesmo de estilo de vida, impedindo à sociedade dominada o exercício do poder de seleção. Resulta disso que pode-se descrever como racionalização o processo de adaptação à economia importada pela colonização sem esquecer que essa economia não é racional senão *formalmente* e que, baseada em uma *contradição* essencial, ela não pode ganhar em racionalidade formal senão perdendo em racionalidade material.

Pode-se ter por estabelecido que a pressão da necessidade econômica pode por si só impor a submissão forçada (cujo preço é a subsistência) à ordem econômica importada pela colonização; que ela pode determinar o desmoronamento das normas e dos esquemas que, tradicionalmente, regiam as condutas econômicas; que ela pode também suscitar e manter condutas econômicas absurdas, tanto segundo o espírito da economia pré-capitalista quanto segundo a lógica da economia capitalista. Isso quer dizer que a necessidade econômica que pode romper um sem-número de resistências culturais e tornar insustentável a fidelidade às tradições é por si só capaz de determinar a reinvenção criadora de novas estratégias econômicas e a adesão eletiva ao *éthos* que, no sistema econômico capitalista, lhe é solidário? Se for verdade que é preciso que os determinismos econômicos se afrouxem para que apareça a possibilidade de submeter efetivamente a conduta econômica aos imperativos da "racionalização", isso significa que as transformações bruscas ou graduais do *habitus* econômico, as quais vimos que são cumpridas em certos casos sob a pressão da necessidade econômica, sempre ficam dependentes das condições materiais: é preciso admitir, portanto, que elas são pura e simplesmente impostas? Em outras palavras, se alcançar o mínimo de segurança é a condição necessária da "racionalização" efetiva da conduta, será também condição suficiente da constituição efetiva de um sistema de finalidades o mais alto que seria a maximização do rendimento em dinheiro?

Condenados à instabilidade, despojados das proteções que as tradições seculares garantiam mesmo ao último dos *khammès* desprovidos da qualificação e da instrução que – elas somente – poder-lhes-iam garantir a segurança à qual eles aspiram supremamente, encerrados na existência do dia a dia e na inquietação crônica do amanhã, os subproletários, desempregados e diaristas ocasionais, pequenos mercadores, empregados das pequenas empresas e dos pequenos comércios, serventes, são mantidos na absoluta impossibilidade de calcular e de prever por um sistema econômico que exige a previsão, o cálculo e a racionalização da conduta econômica.

Às vezes, trabalho um dia, às vezes quatro dias, às vezes estou desempregado durante um mês inteiro. Tenho cerca de cinco mil francos em dívidas. Peço emprestado a um para reembolsar outro, é sempre assim. Não tenho ofício, não tenho instrução, como é que vocês querem que eu viva? Trabalho como peão, carrego água, pedras para a construção [...]. Ah, se eu encontrasse trabalho! Bem veem que estou atolado até a garganta. Quando não trabalho como peão, vou à cidade e trabalho como carregador no mercado. Peço emprestado de um lado e de outro [...]. Saio de manhã às cinco horas, e para adiante! Procuro, procuro. Às vezes, volto ao meio-dia ou uma hora e sempre nada, nada [...]! O que eu ganho é como o meu trabalho. Nunca é regular, nunca é seguro. O que é que se pode fazer? Ganho cerda de dez mil francos, em média. Faria não importa o quê para poder ganhar o pão para minha família (trabalhador sem emprego regular, Constantine).

Para esses homens, dispostos a fazer de tudo e conscientes de não saberem fazer nada, sempre disponíveis e totalmente submissos a todos os determinismos, desprovidos de um ofício de verdade e votados, por causa disso, a tudo o que pareça um ofício, nada há de sólido, nada de seguro, nada de permanente. O emprego do tempo cotidiano dividido entre a procura do trabalho e os trabalhos eventuais, a semana ou o mês divididos pelas contratações ocasionais em dias de trabalho e dias de desemprego, tudo isso leva a marca da precariedade. Nada de horário regular nem de lugar de trabalho fixo. A mesma descontinuidade no tempo e no espaço. A procura de trabalho é a única constante dessa existência sacudida ao bel-prazer do acaso; e também o fracasso cotidiano da busca. Procura-se trabalho "à esquerda e à direita", pede-se emprestado "à esquerda e à direita"; pede-se emprestado à direita para reembolsar à esquerda. A vida inteira se passa sob o signo do provisório. "Meu trabalho [diz um vendedor ambulante de Tlemcen] não é senão um quebra-galho, à espera que algo melhor apareça." Mal adaptados ao mundo urbano no qual se encontram perdidos, desprovidos de uma vida regular de trabalho e da segurança que garante o produto certo do trabalho, privados das tradições tranquilizadoras da comunidade aldeã e forçados a tudo aprender, simultaneamente do mundo da cidade e do mundo técnico, língua, disciplina, habilidades, eles andam obstinadamente encarniçados a forçar o acaso e tentar tomar posse de um presente que lhes foge.

O desemprego traz uma desorganização sistemática da conduta, da atitude e das ideologias. Interditando-lhe o preenchimento de sua função econômica, a falta de emprego regular ameaça a função social do chefe da família, isto é, sua autoridade na família e sua respeitabilidade fora dela. O pai, os irmãos, os primos e, às vezes, mesmo a mulher e as crianças devem prover às necessidades do grupo. A situação extrema, a dos indivíduos que vivem às custas de sua mulher, é vivida tanto pelo indivíduo quanto pelo grupo, como sendo a definitiva perda do poder. "Na minha opinião [diz um desempregado de Oran] a mulher não deve trabalhar; é proibido. Mas não dá para viver, então ela foi trabalhar". E esse outro, meneando a cabeça para expressar a enormidade da situação: "É minha mulher que trabalha por mim, agora!" No momento em que cessa de ser tida como provisória, a permanência num tal estado de dependência é por vezes a causa de uma profunda desmoralização. Acontece que certos vendedores ambulantes acabam por transformar em profissão uma coisa que na origem não era senão algo provisório à espera de algo melhor aparecer. E é o caso, do mesmo modo, de certos desempregados. A pessoa se instala pouco a pouco na resignação fatalista, acomoda-se e acostuma-se irresistivelmente a uma existência parasitária. Acostuma-se ao ofício de desempregado ou de falso trabalhador, ficando satisfeita com isso. Os obstáculos objetivos, as aspirações desmedidas e irrealizáveis, as aparências de trabalho e as aparências de esforço para encontrar trabalho fornecem outros tantos pretextos para a desistência. Multiplicam-se as demandas com a convicção do fracasso, espera-se pelo milagre e recusa-se sempre no mais alto grau "a pá e a enxada". À exploração e à injustiça pode-se opor somente a arma dos desarmados, a fuga, o ardil e o subterfúgio, essa *chtara* tão amiúde evocada: todos os meios são bons para fugir da exploração, para escapar por um momento do trabalho desagradável e para ganhar seu salário com o mínimo de esforço. A esses homens acorrentados pela necessidade a uma tarefa que somente lhes traz o mínimo necessário para sobreviver, resta somente uma liberdade no trabalho, a de exprimir sua revolta subterrânea contra a exploração pelo sub-rendimento.

Na ausência de um emprego regular, o que faz falta não é somente uma renda assegurada, é esse conjunto de sujeições que definem uma organização coerente do tempo e um sistema de expectações concretas. Como o equilíbrio emocional, o sistema dos quadros temporais e espaciais, dentro do qual se desenrola a existência, não é capaz de se constituir na ausência dos pontos de referência que o trabalho regular fornece. A vida inteira é deixada à incoerência[1]. Deixa-se o lar a cada manhã à procura de trabalho, mais ou menos cedo, de conformidade com uma esperança real ou já resignado; anda-se a manhã inteira, de obra em obra, confiando nas afirmações de um amigo, de um primo ou de um vizinho. Faz-se uma parada no bar para tomar um trago e fumar um cigarro com os amigos. Acaba-se por fazer da busca uma profissão.

Desemprego e emprego intermitente arrasam as tradições e interditam a elaboração de um plano de vida racional. "Quando você não tem certeza do dia de hoje [diz um desempregado de Constantine] como poderá ter certeza do dia de amanhã?" E esse pescador de Oran: "Mais eu ganho, mais eu como; menos eu ganho, menos eu como".

Essas duas fórmulas encerram o essencial da existência dos subproletários. A única finalidade da atividade é a satisfação das necessidades imediatas. "Ganho meu pedaço de pão, só isso." "O que ganho, como-o." "Ganho apenas o pão para meus filhos." "Eu trabalho para alimentar meus

---

1   Talvez esteja-se fundamentado a ver, na falta de exatidão dos quadros temporais e espaciais assegurados pelo trabalho regular, uma das causas da incerteza, na verdade da incoerência das opiniões e dos julgamentos, de modo particular no que diz respeito aos problemas relativamente abstratos e gerais.

filhos." Acabou-se com as antigas tradições de previdência. O cidadão tende a assemelhar-se à imagem que dele fazia o camponês da tradição: "O que o dia trabalhou, a noite comeu..." Às vezes, vê-se ressurgir condutas tradicionais, totalmente aberrantes no novo contexto, e inspiradas na obsessão pela subsistência: "Tenho as provisões prontas [diz um pequeno merceeiro de Oran que ganha de quatrocentos a quinhentos francos por dia]. Se alguma vez acontece de eu não ganhar nada, assim mesmo consigo comer." Esse é o tradiciolanismo do desespero, tão inconsequente quanto a existência cotidiana.

> Posto que os sacrifícios levam primordialmente ao consumo, os rendimentos podem aumentar sem que a poupança ou mesmo a ideia de poupar fique evidente, tanto as necessidades excedem os meios. Ademais, o modo de pagamento por dia, particularmente no caso dos diaristas, intermitentes ou regulares, interdita toda racionalização. Ao desmembrar os rendimentos em pequenas somas imediatamente permutáveis com bens destinados a ser consumidos no mesmo dia, tende-se a excluir todas as despesas de bens duráveis que não podem ser pensadas (e amortizadas) senão a longo prazo.

Por longínquo que seja o futuro anunciado na conduta presente, por longínqua que seja a organização do presente em relação a um futuro assentado pelo cálculo e ligado ao presente numa relação racional, o dia presente é vivido sem referência alguma, nem intuitiva nem racional, ao dia seguinte. As necessidades primárias não são daquelas cuja satisfação pode ser diferida ou sacrificada. Exclui-se a possibilidade de efetuar uma hierarquização racional das finalidades, condição do cálculo que funda a conduta razoável conforme a razão capitalista.

> Um sujeito econômico que esteja conforme tal descrição seria condenado em curto prazo se viesse a se encontrar jogado num universo econômico e social perfeitamente racionalizado. De

fato, às margens das cidades africanas ou sul-americanas, existem universos econômicos que constituem como que uma barreira entre os subproletários e o mundo moderno e cuja lei fundamental parece ser aquela que rege as condutas individuais, a saber a ausência de previsibilidade e de calculabilidade. Os mais pobres e os mais perturbados aí encontram um sem-número de proteções que lhes permitem realizar um equilíbrio precário, no nível mais baixo possível, na ausência de todo cálculo: auxílio mútuo entre parentes e vizinhos que proporciona ajuda em bens ou em dinheiro durante a procura de trabalho, ou durante o desemprego; às vezes o próprio emprego ou a moradia; coabitação ou cozinha comum que garante aos mais desapossados sua subsistência; a pluralidade de salários para uma despesa única que tende a compensar a irregularidade e a modicidade dos rendimentos; crédito de confiança etc.

Por falta de ter sobre o presente esse mínimo de comando que é a condição de esforço deliberado para tomar posse do futuro, esses homens não podem elaborar um plano de vida, sistema coerente e hierarquizado das finalidades previstas ou projetadas, abrangendo na unidade de uma apreensão a conduta presente e o futuro que ela se esforça por fazer acontecer. Completamente deixados para trás por um mundo denegador de todo futuro, eles não podem alcançar senão um futuro sonhado, onde tudo é possível, porque as leis que regem o universo da existência cotidiana, econômicas e sociais, estão nele interrompidas. O desempregado que não aspira para si mesmo senão a um "bom ofício", ao emprego permanente procurado pela qualificação profissional, pode sonhar para seu filho "belas profissões", dessas "profissões de sonho", como um deles diz – advogado ou médico. São duas consciências sucessivas e mutuamente exclusivas que visam o presente e o futuro; o discurso procede muitas vezes em linha interrompida, sendo os saltos para o sonho seguidos por quedas num presente destruidor de fantasmas. Aquém de um certo plano de probabilidade, somente restam os recursos mágicos. A esperança mágica é a perspectiva de futuro própria daqueles que não têm futuro.

A insegurança e a miséria são redobradas pelo desaparecimento desse conjunto de garantias que eram fornecidas pelas tradições tranquilizadoras da sociedade camponesa e que tornavam possível a previdência costumeira, ditada e sustentada pela sabedoria comum, apoiada em referências e em quadros temporais que garantiam uma forma de previsibilidade.

> Também acabou-se com as garantias fornecidas pela religião, que organizava as práticas e as representações segundo um corpo de princípios único. Arrancados do ambiente social no qual transcorria toda sua vida e em particular sua vida religiosa, privados da atmosfera de religiosidade que emanava da vida coletiva, colocados em condições de existência difíceis e tendo que se defrontar com problemas radicalmente novos, o proletário e o subproletário das cidades não têm outra escolha senão a indiferença ou a superstição – uma piedade institucional, sequência de gestos despojados de todo sentido, passiva e mecanicamente realizados e determinados pela submissão sem fervor a uma tradição alterada. A ruptura com a tradição trazida pela emigração, o relaxamento da pressão coletiva ligada ao anonimato da vida urbana, o contato com a civilização técnica completamente voltada para finalidades profanas, os ensinamentos explícitos e difundidos da escola, outras tantas influências que produzem uma verdadeira transmutação dos valores e destroem o solo no qual a religiosidade tradicional tinha suas raízes.

Privados do apoio material e psicológico acarretado pelas redes de relações da sociedade camponesa e pelos grupos de parentes daqui por diante fragmentados pela emigração, por demais desamparados para poderem tomar consciência sistemática de sua condição e abranger numa mesma intenção ativa o presente suportado e o futuro desejado, mantidos num estado de frustração e de insegurança perpétuas que os leva a esperar por satisfações imediatas e a aguardar o milagre capaz de arrancá-los de sua condição, os subproletários, camponeses sem terra, operários agrícolas, desempregados, diaristas, trabalhadores sem qualificação, estão prontos a ouvir todas as profecias escatológicas que, rompendo com a rotina da existência cotidiana, prometam-lhes fornecer, mesmo que à custa de uma transformação radical da sociedade, um lugar no mundo, isto é, ao mesmo tempo, a segurança material e o sentimento de segurança procurado por um novo enquadramento social. O milenarismo revolucionário e a utopia mágica são a única perspectiva de futuro que se oferece a uma classe desprovida de futuro objetivo.

Os trabalhadores se dividem de maneira distinta em dois grupos, os que são estáveis e que fazem de tudo para assim permanecer e os que são instáveis e estão dispostos a fazer de tudo para escapar à instabilidade. Esse é o fato fundamental que se precisa ter em mente para compreender, entre outras coisas, o fascínio que é exercido nas camadas mais desfavorecidas pelas profissões estáveis, ou mais precisamente, pela estabilidade das profissões e, correlativamente, pela qualificação profissional e a instrução como meio indispensável para alcançar essa estabilidade: empregos tais como de zelador, guarda noturno, plantonista, vigilante, são também, a seu modo, "profissões de sonho", não somente por serem pouco pesados, mas também por serem os mais seguros entre aqueles que podem alcançar um indivíduo sem instrução, sem formação profissional e sem capital. Comum à grande maioria dos operários sem especialidade, pequenos empregados, artesãos e comerciantes, o desejo de estabilidade toma a forma da aspiração de uma verdadeira profissão – por oposição à simples ocupação – na qual as condições de contratação e demissão, de promoção e de aposentadoria estejam garantidas e regulamentadas, as proteções sejam instauradas contra os efeitos da concorrência desenfreada, as regulações sobre a higiene e a segurança, os horários de trabalho, os critérios de qualificação, a remuneração, sejam efetivamente aplicadas. Se a função pública for percebida, de maneira sincrética, como um paraíso profissional, significa que, mesmo na ausência de um controle sindical, ela assegura garantias mínimas contra a arbitrariedade, e acima de tudo garante a segurança, definida menos pelo montante dos rendimentos do que por sua regularidade[2].

Se coincide com um ajuste do conjunto das aspirações, o acesso a um emprego estável não traz necessariamente uma reorganização das finalidades da atividade econômica que permanece, na maioria dos casos, voltada à satisfação das necessidades imediatas. A ambição da grande maioria dos trabalhadores permanentes é chegar a viver "sem ter que fazer contas", isto é, sem dívidas nem economias. Renuncia-se, desde que se possa, ao tipo de crédito baseado na

2   Daí muitas condutas que podem parecer aberrantes se nos referirmos à lógica da maximização do rendimento. Vejamos um caso observado em Argel, em julho de 1960. Um mecânico especializado em conserto de tratores e motores diesel é contratado pelos serviços da Defesa e restauração dos solos como assalariado: percebe uma remuneração fixa de 550 francos velhos, à qual são acrescentados um prêmio de riscos, despesas de transporte, horas suplementares, de modo que o rendimento mensal médio alcança os oitocentos francos. Por conselho de seu pai, ele prefere se candidatar como mecânico na RSTA (Régie Syndicale des Transports Algérois, onde o pai é cobrador): inicia com 360 francos por mês, mas beneficia-se das vantagens que asseguram um emprego público, estabilidade, aposentadoria, férias etc. Pelas mesmas razões, os artesãos e os comerciantes, cujos rendimentos se situam entre os trezentos e os setecentos francos, invejam muitas vezes a condição do operário do setor moderno e, *a fortiori*, do funcionário.

confiança, que permitia aos mais desfavorecidos realizar um equilíbrio instável entre as aspirações e os recursos. As condutas continuam a obedecer o princípio da maximização da segurança e as aspirações tendem a se ajustar mais ou menos aos meios disponíveis. Numa situação de desemprego estrutural, aqueles mesmos que alcançaram a segurança continuam a experimentá-la como sendo uma situação ameaçada e entendem-se privilegiados. Quando aparece, a vontade de maximizar o rendimento choca-se com as condições objetivas do mercado de trabalho que interditam o crescimento rentável do esforço. É causa de indignação o fato de um celibatário poder ganhar tanto quanto um homem casado, denuncia-se o acúmulo dos empregos e o trabalho das mulheres europeias; bastante numerosos são aqueles que parecem não conceber que se possa quantificar sua força e seu tempo de trabalho e que, para avaliar o salário que julga merecer, tomem em consideração suas necessidades e não seu esforço ou sua qualificação. Contudo, as opiniões tendem a se sistematizar: a distância entre o nível de aspiração e o nível de realização tende a se restringir tanto porque as esperanças se tornam mais comedidas e as possibilidades efetivas aumentam, como porque, ao mesmo tempo, as reivindicações se tornam mais realistas.

Relativamente pouco numerosa em razão do fraco desenvolvimento da indústria, a elite operária participa das vantagens que a economia moderna proporciona, abono de família, promoção, aposentadoria, *habitat* moderno, escolaridade das crianças, outros tantos "privilégios" que são inseparáveis da estabilidade do emprego e que são ignorados tanto pelos subproletários quanto pelos semi-proletários do setor tradicional. O apego a essas vantagens e o contágio das necessidades suscitadas pelo efeito de demonstração iriam constituir obstáculos para a formação de uma consciência revolucionária? De fato, somente indivíduos providos de um sistema coerente de aspirações e de reivindicações, capazes de se situar dentro da lógica do cálculo e da previsão, pois suas condições de existência os autorizam a isso, e que puderam adquirir, em sua vida profissional, uma atitude progressista e racional, podem apreender sua existência de modo sistemático e realista em referência a um futuro coletivo e aceitar deliberadamente os sacrifícios ou as renúncias provenientes de toda ação revolucionária; enfim, acostumados a submeter-se a exigências racionais e inclinados ao realismo devido à própria natureza de sua atividade cotidiana, os proletários são, dentre todos os trabalhadores, os menos acessíveis às seduções da demagogia.

O acesso a um rendimento situado entre sessenta mil e oitenta mil francos coincide com uma transformação generalizada da conduta cuja raiz reside na aparição de uma nova relação com o futuro e que se manifesta num conjunto de índices objetivos tais como a multiplicação das fontes de rendimentos para pessoas dotadas de renda situada entre sessenta mil e oitenta mil francos, o surgimento da expectativa de aumento do ganho sem aumento do esforço ou ainda o fato, puramente demográfico na aparência, de que o número médio de crianças nascidas vivas por mulher casada aumenta regularmente com o rendimento até que esse alcance cerca de oitenta mil francos, declinando a seguir de modo agudo. Tudo acontece como se o acesso a uma renda, tal como a abolição da obsessão pela subsistência e a satisfação das necessidades fundamentais, representasse a condição para que o sujeito econômico pudesse se livrar dos determinismos econômicos mais brutais e ir adiante em direção a um objetivo ainda ausente e além do presente no qual o sujeito se encontra envolvido pela pressão de necessidades que exigem uma satisfação imediata. O esforço para dominar o futuro não pode ser realmente empreendido senão quando as condições indispensáveis para que seja assegurado um mínimo de probabilidades de sucesso são efetivamente oferecidas; enquanto assim não for, não resta outra atitude possível senão o tradicionalismo forçado, que difere essencialmente da adesão à tradição, pois implica na consciência da possibilidade de agir de outra maneira e da impossibilidade de realizar essa possibilidade[3].

Se ela corresponde evidentemente a uma transformação decisiva das condições materiais de existência, ligada à elevação de nível de qualificação e de instrução, essa reestruturação do sistema das disposições e das ideologias não é produto unicamente da necessidade e supõe uma sistematização original de cada indivíduo, que se torna então o empresário de sua própria vida, devendo operar por sua própria conta, porque seu comportamento deve ser produto, em todos os campos, de uma verdadeira reivindicação. A adoção e a assimilação do espírito de previsão e de cálculo varia em razão direta do grau de integração de uma ordem econômica e social definida pela calculabilidade e a previsibilidade; desse grau de integração, o grau de bilinguismo e o nível de instrução são os índices mais seguros e mais significativos.

Para explicar que o grau de bilinguismo cresce com o grau de êxito econômico, poder-se-á sem dúvida citar que a transformação das atitudes e a aprendizagem do francês supõem a mesma condição, a saber um contato intenso e prolongado com a sociedade

3   Isso vê-se muito bem nos camponeses das regiões de grande colonização que, mesmo aceitando reconhecer a eficácia e a rentabilidade maiores das técnicas do colono, atêm-se aos métodos tradicionais, porque sabem que tal tipo de exploração do solo exige meios que lhes são inacessíveis e sem os quais eles estão condenados ao fracasso.

europeia ou com a economia moderna. Todavia, tudo acontece como se o uso da língua árabe fosse solidário – *num momento determinado da história da sociedade e da língua* – à adoção de toda uma visão do mundo: raras nos pesquisados que falam francês, as invocações a Deus ou ao destino são muito frequentes entre os que se exprimem em árabe, seja porque elas permitem esquivar um problema embaraçoso, seja porque elas servem para dissimular a ausência de opinião definida a respeito de propósitos difusos e bem-pensantes. Os pesquisados que se exprimem em francês mostram ser, geralmente, mais realistas e mais revolucionários. Além do mais, os que têm mais dificuldade com o francês entremeiam muitas vezes suas afirmações com frases ou locuções nesse idioma, seja em gíria ou em norma padrão, principalmente quando se trata de expressar sua miséria ou sua revolta. Para os bilíngues, a passagem da língua materna para o francês tem muitas vezes o mesmo significado e a mesma função. A língua francesa, especialmente do modo como ela é falada na Argélia, é laicizada, realista e "positiva". Para os argelinos, ela é, entre outras coisas, a língua do diálogo, real ou imaginário, com o patrão; da reivindicação, portanto.

Na maioria dos casos, a instrução e a qualificação profissional fornecem os meios indispensáveis para que uma conduta fundada na previsão e no cálculo possa efetuar--se com um mínimo de probabilidade de êxito (estabilidade e esperanças de ascensão, rendimentos suficientes etc.), isto é, constituem a condição necessária, ao mesmo tempo que garantem os recursos intelectuais indispensáveis para racionalizar a conduta, ou seja, a condição de suficiência. Tudo acontece como se fosse preciso que sua existência estivesse sujeita à jurisdição da previsão e do cálculo para que o agente econômico pudesse submetê-la efetivamente à previsão e ao cálculo. Somente os que têm, como se diz, futuro podem empreender a ação de dominá-lo.

Se a reestruturação das práticas ou costumes toma uma forma sistemática, é porque, tendo em comum a suposição da referência a um futuro calculado, todas as formas de ação racional, controle dos nascimentos, poupança, preocupação com a instrução das crianças estão unidas por uma afinidade estrutural. Assim é, por exemplo, enquanto não se tiver um mínimo de domínio do presente que permita conceber a ambição de dominar o futuro, render-se à fecundidade natural se impõe como o único meio de garantir o futuro de um modo ou de outro; pode-se mesmo supor que a ideologia ligada à tradição, segundo a qual a criança, e especialmente o rapaz, é proteção e honra, acha-se revigorada em tempos de crise, quando as antigas salvaguardas são abolidas, de modo que rodear-se de crianças é, antes de mais nada, rodear-se de proteções. Postergar os nascimentos, ao contrário, significa sacrificar o presente ao futuro, significa a recusa em confiar simplesmente no curso das coisas e agir no presente em função de um futuro calculado. A reestruturação da conduta não aparece senão em um nível relativamente elevado de rendimentos (e não tão logo seja atingido o plano da segurança), porque, em razão mesmo da sistematicidade do novo modo de vida, ela não pode ser operada senão por meio de um salto, quando estiverem reunidas todas as condições econômicas e culturais da conversão das disposições econômicas e culturais. Os indivíduos e as famílias incapazes de reunir o conjunto das condições necessárias estão condenados a enfrentar contradições quase insuperáveis ao empreenderem a ação de ultrapassar a linha sobre um único ponto.

É assim que o acesso à habitação moderna joga num profundo mal-estar os indivíduos que não têm os meios para satisfazer o conjunto das necessidades ligadas à necessidade satisfeita. Constatação tanto mais surpreendente, à primeira vista, já que a instalação numa habitação moderna é marcada, de maneira global, por uma melhoria incontestável das condições de vida[4]: o índice de habitabilidade é de 8 contra 2,5 para a amostra dos mal alojados. O número médio de peças por família alcança 2,8 contra 1,5; 20% dos pesquisados têm o mesmo número de peças que tinham em sua antiga residência, 27% uma peça a mais, 33% duas, 18% três. A superfície disponível média é de 45m² contra 18,5m² entre os mal alojados. Acabou-se com a peça única ou, pelo menos, com a peça comum a qual estava condenada a maioria dos habitantes das favelas: em 76,1% dos casos, pais e filhos dormem em quartos separados (o quarto

4 Essas análises se apoiam principalmente em uma pesquisa que foi efetuada durante o verão de 1960 e que teve por objeto uma amostra representativa de famílias (efetuada a partir de fichários de posse das empresas de construção) residentes em dez grupos de habitações modernas, uma propriedade de Philippeville, sete de Constantine (Les Mûriers, Bon Pasteur, Anatole France, El Bir, Apôtres, Platanes, Pins, Cité Gaillard), duas de Argel (Les Pins et la Concorde, Nobleterre). Foram também utilizados, para fins de comparação, os resultados da apuração, realizada em 1958, de uma amostra aleatória de pedidos de habitação conservados pelo Serviço das HLM (Habitation à Loyer Moderé [Habitação de Aluguéis Moderados]) de Argel e das observações e conversações realizadas durante os anos de 1958 e 1959 em várias favelas de Argel e da Casbá. Foram também usadas informações recolhidas por meio de uma pesquisa junto a uma amostra de famílias residentes em habitações modernas, realizada em 1960, e que fornece informações sobre o conjunto da economia doméstica. A amostra-padrão da pesquisa sobre os novéis alojados dá uma imagem fiel da estrutura do conjunto dos locatários: os trabalhadores sem qualificação representam 17%; os operários, 20,5%; o pessoal que presta serviços, 25,5%; os funcionários e os militares, 9%; os artesãos e os comerciantes, 15,5%; os quadros superiores, 2,5%; e os aposentados ou inativos, 10%. 97% dos pesquisados são de origem urbana e, dispondo em sua maioria de um emprego e de rendimentos estáveis, estão particularmente aptos a se adaptar às exigências do novo *habitat* (de maneira que todas as análises abaixo valem *a fortiori* para populações que não apresentam tais características). 36% dos pesquisados ocupam a nova residência há menos de um ano, 65% há menos de dois anos. (Apresentamos num quadro sinótico os principais resultados dessa pesquisa, pois eles não figuram na obra *Travail et travailleurs en Algérie*).

QUADRO SINÓTICO DAS VARIAÇÕES DAS DESPESAS LIGADAS À HABITAÇÃO, DE CONFORMIDADE COM A CLASSE SOCIAL

CSP	Tamanho da família (média)	N.º de pessoas ativas	Renda mensal (média) AF	Aluguel média %	Encargos média %	Aluguel + Encargos média %	Transporte média %	Entretenimento média %	Mobília média %	Total das despesas média %
Trabalhadores sem qualificação	5,66	1,13	41.818	9.091 21,5	5.000 12,0	14.091 33,5	750 1,5	1.022 2,5	3.522 8,5	19.385 46,5
Operários	6,4	1,18	52.307	9.166 17,5	5.100 9,5	14.266 27,0	2.721 5,0	3.173 6,0	4.388 8,5	24.548 46,5
Pessoal que presta serviços	6,5	1,24	65.000	9.758 15,0	5.338 8,0	15.096 23,0	2.780 4,0	5.348 8,0	8.181 12,5	31.405 48,0
Artesãos e comerciantes	6,6	1,35	57.000	7.236 12,5	4.000 8,0	11.836 21,0	2.075 3,5	4.578 8,0	7.550 13,0	26.039 45,5
Funcionários e militares	6,6	1,33	106.250	12.500 11,5	7.000 6,5	19.500 18,0	2.666 2,5	6.208 6,0	3.000 3,0	31.474 29,5
Aposentados	5,5	0,54	54.615	9.318 17,0	4.423 8,0	13.841 25,0	3.583 7,5	2.076 4,0	10.846 20,0	30.346 56,0
Conjunto	6,3	1,16	60.664	9.274 15,5	5.209 8,5	14.483 24,0	2.293 3,5	3.754 6,0	6.646 11,0	27.176 44,5

comum só foi encontrado em 14,6% das famílias). Poder-se-
-ia esperar somente o registro de declarações satisfatórias:
mas somente 47% dos pesquisados dizem estar satisfeitos
e 38% dizem estar descontentes em graus diferentes (os
outros não se manifestaram).

Pelo fato de o realojamento determinar quase sempre a cisão das grandes famílias que a crise habitacional
condenava à coabitação, sendo que o grupo familiar visa
reduzir-se ao casal, o número de pessoas ocupadas por
família diminui[5]. Ora, no antigo *habitat*, o equilíbrio econômico repousava na maioria das vezes sobre a pluralidade
das fontes de rendimentos para uma despesa única, tanto
para a alimentação quanto para a habitação. Esse equilíbrio
se acha ameaçado no momento em que despesas de toda
ordem, e particularmente aquelas que estão ligadas à moradia, aumentam grandemente. O número médio de pessoas
por família é de 6,3: esse número, ainda bastante elevado,
é nitidamente inferior àquele que resultava de pesquisas
sobre os mal alojados, ou seja, 8,6. Essa diferença irá parecer tanto mais importante caso se saiba que o número de
crianças é, em princípio, um dos critérios que determinam
a escolha das pessoas realojadas[6]. O decréscimo do número
médio de pessoas resulta do fato de que uma parte da "família numerosa", que se tinha reconstituído sob a pressão

5   Pode-se ver um indício de como a vida urbana e o modo de vida que
    ela impõe favorecem a expansão progressiva da família numerosa,
    no fato que o tamanho médio das famílias está em razão inversa
    ao tamanho das cidades, ou seja, 7,2 para Philippeville, 6,9 para
    Constantine e 5,2 para Argel. Se isso é em parte explicado por um
    decréscimo paralelo do número médio de crianças (4,06 para Phi-
    lippeville, 3,08 para Constantine e 2,95 para Argel), permanece o
    fato de o ideal da família extensa parecer tão mais alterado e tão
    mais oneroso quanto a adaptação à vida urbana é mais avançada.

6   Eram realojados prioritariamente os mal alojados que dispunham
    de um rendimento fixo relativamente estável e elevado. Ora, sabe-se
    que na Argélia o número de crianças tende a crescer paralelamente
    ao rendimento (até um certo nível).

da necessidade, permaneceu no antigo *habitat*, enquanto a outra parte foi viver no HLM. A percentagem de famílias nucleares é muito mais elevada na amostra de população realojada do que na amostra de população que vive em condições de *habitat* precário[7].

Os 77% das famílias contam com uma pessoa ativa e 14,5% contam com duas e a média para o conjunto da amostra é de 1,16 contra 1,67 entre os mal alojados em que as famílias contam com três pessoas ativas ou mais, representando 20% da amostra (contra somente 3% aqui). Isso tende a confirmar que a redução da unidade doméstica resulta principalmente do fato de a família ficar aliviada de um certo número de adultos hospedados (na maioria dos casos, pai, mãe ou irmãos do marido ou da esposa). Esse fenômeno é importante: no antigo *habitat*, um aluguel bastante reduzido era sustentado por vários adultos em idade de trabalhar, ao passo que aqui encargos de locação bem mais elevados tendem a se assentar num só salário. É todo o equilíbrio antigo, fundado na pluralidade das fontes de rendimentos para uma despesa única, que se acha ameaçado no exato momento em que despesas de toda ordem aumentam.

7 Por outro lado, apesar de o número médio de crianças ter tido um pequeno decréscimo (3,29 por família em vez de 3,83) em consequência da dissociação das famílias até aí reunidas, o realojamento e a melhoria correlativa das condições de higiene e de conforto determinaram uma diminuição da taxa percentual de mortalidade infantil (como é mostrado pelo confronto entre o número de crianças que, de conformidade com as tabelas de fecundidade, deveriam ter nascido após o realojamento, com os nascimentos efetivos). Esse aumento a curto prazo da fecundidade coincide, nas famílias mais privilegiadas, com o aparecimento de uma tendência à limitação dos nascimentos, dimensão de uma disposição global que encontra no novo *habitat*, e no novo estilo de vida que este autoriza, suas condições de realização.

Na amostra dos mal alojados (moradores da Casbá de Argel ou das favelas), o número médio de pessoas ativas por família era relativamente elevado, de modo especial nas categorias em que o salário do chefe da família é o mais baixo e que não podem viver senão adicionando muitos pequenos salários (aposentados, trabalhadores sem qualificação, artesãos e comerciantes e, em grau menor, pessoal de presta serviços). Ao obrigar vários chefes de família a repartir o mesmo *habitat* e ao impor a sobrevivência das antigas formas de solidariedade que a vida urbana e a lógica da economia monetária tinham encetado, a crise habitacional tem como efeito paradoxal permitir um tipo de adaptação original: a unidade verdadeira não é o casal, mas a "família inteira", um conjunto de indivíduos ou de casais dispondo de uma soma de pequenos salários vive incomparavelmente menos mal do que viveria cada um dos casais com um único salário. A solidariedade do grupo garante a cada indivíduo e a cada casal segurança contra a privação material e psicológica: a irregularidade dos rendimentos é compensada pelo auxílio familiar mútuo e pelo crédito na base da confiança que garantem um mínimo de regularidade no consumo apesar da incerteza da renda e da ausência do cálculo racional. Graças à pluralidade dos salários e aos abonos de família, 48% das famílias dispõem, desse modo, de um rendimento superior a setenta mil francos, 72% de um rendimento superior a cinquenta mil francos. Ora, as despesas são relativamente reduzidas (particularmente se as compararmos ao que elas serão no novo *habitat*): o montante do aluguel é geralmente bastante baixo; os comerciantes dos velhos bairros e das favelas vendem mercadorias de segunda qualidade, mas a preços baixíssimos; além do mais, eles concedem facilidades de crédito; as despesas de transporte são relativamente reduzidas pelo fato de a moradia poder ser escolhida em função da proximidade do local de trabalho. Desse modo, em paridade de rendimento, vive-se melhor numa favela do que num HLM. O *habitat* precário participa de um universo econômico que tem sua lógica própria e que permite aos mais desapossados realizar uma forma de adaptação ao mundo urbano. Apesar de, considerada superficialmente, ela ter todas as aparências do contrário, a economia da miséria tem sua coerência. A favela tem até mesmo seu mercado de trabalho, apto a garantir pelo menos uma aparência de emprego (com os pequenos ofícios de fortuna), e sua rede de informação sobre as possibilidades de contratação.

Esse equilíbrio, que supõe a coabitação de vários casais nos quais, salvo raríssimas exceções, somente os *homens* trabalham, não pode ser substituído por um novo equilíbrio fundado em parte sobre o trabalho das mulheres, como acontece nos lares de europeus, que, nos mesmos locais, alcançam um rendimento médio duas vezes mais elevado (seja 122.900 francos contra 60.600 francos), pois eles recebem salários médios mais elevados e também 15% das esposas trabalham em profissões relativamente bem remuneradas (contra 4,5% das argelinas). Numerosos obstáculos que, pelo menos nas camadas mais favorecidas, não são todos de ordem cultural, como a pouca instrução das mulheres, impedem que isso aconteça (pelo menos provisoriamente). O fato de as mulheres argelinas, por falta de instrução, não poderem na maioria das vezes alcançar senão trabalhos considerados degradantes (como, por exemplo, o de empregada doméstica) reforça ou justifica a resistência dos homens contra o trabalho feminino. Assim, a realocação coloca muitos casais entre um equilíbrio perdido, aquele que garantia a sobrevivência forçada da antiga família numerosa, com a pluralidade dos salários para uma despesa única, e um novo equilíbrio interdito ou inacessível. O rendimento familiar médio (60.660 francos) é muito nitidamente inferior àquele dos mal alojados (74.000 francos) apesar de o salário médio ser nitidamente superior (o que vem atenuar a diminuição dos rendimentos causada pela redução do número de pessoas ativas).

Tendo diminuído ao mesmo tempo o número médio de pessoas por família e os rendimentos, o rendimento médio por pessoa é superior ao que ele indica na amostra dos realocados (ou seja, 9.629 contra 8.604 francos). Mas pode-se duvidar que essa diferença (relativamente importante) seja suficiente para compensar o aumento das novas despesas ligadas à instalação em um *habitat* moderno. Com efeito, o aluguel mensal médio passa de cerca de três mil francos entre os mal alojados para 9.200 aqui. O fato de os mal alojados dizerem estar prontos a pagar 10.500 francos por mês, soma superior àquela que eles pagam na realidade para a nova moradia, não impede compreender porque a maioria dos novos realocados se queixe principalmente do alto preço do aluguel. A contradição é só aparente e se atém a um fenômeno de dupla contextualização que é preciso analisar.

76% dos mal alojados pagava um aluguel inferior a 3.000 francos (os aluguéis superiores a 10.000 francos representando somente os 4% do conjunto); 73% dentre eles consagravam menos de 5% de seu rendimento familiar ao aluguel. A elevada percentagem de não respostas faz com que se deva usar com prudência as informações que dizem respeito ao aluguel máximo que eles declaravam estar prontos a pagar: notar-se-á que somente 52% dentre eles aceitavam pagar um aluguel superior aos 10.000 francos, sendo a média do aluguel máximo aceito (10.421 francos) 3,5 vezes superior ao aluguel real. Tal variação somente se explica pelo fato de que o desejo de escapar a condições de *habitat* precário ou crítico é tão forte que interdita o cálculo puramente econômico. Sem dúvida, as condições catastróficas de *habitat* levam a conferir uma importância desmedida à obtenção de uma moradia (como é testemunhado, entre outras coisas, pela abundância das demandas e das medidas efetuadas pela maioria dos pesquisados). Mas essa superavaliação do sacrifício consentido é especialmente favorecida pelo fato de se compararem coisas incomparáveis, a saber, um certo equilíbrio orçamentário realizado na Casbá ou na favela e as novas condições das quais não se pode avaliar de antemão as consequências econômicas: quando aceitam a eventualidade de um aluguel muito elevado (10.421 francos em média), os mal alojados se referem implicitamente à situação econômica na qual se encontram; ora, o equilíbrio econômico que eles realizam no *habitat* precário supõe haver um certo número de condições que não mais serão necessariamente preenchidas no novo *habitat*: pluralidade de salários, baixo custo de vida, ausência de despesas de manutenção, despesas de transporte reduzidas, encargos praticamente nulos etc.

A parte do rendimento consagrada ao aluguel aqui é de 13,5% em média, contra 4,7% para os mal alojados (que se diziam prontos a consagrar ao aluguel 13% de um rendimento familiar nitidamente mais elevado): diferença enorme que se deve ao efeito acumulado da diminuição do rendimento familiar médio e do aumento do montante dos aluguéis. Como todas as despesas por pessoa, o aluguel aumentou numa proporção mais importante do que o rendimento médio por pessoa: ao passo que, na amostra dos mal alojados, era de 3.000 francos por família média de 8,6 pessoas, é agora de 9.200 francos para uma unidade familiar de 6,3 pessoas (de maneira que o aluguel médio por pessoa *triplicou*, passando de 348 francos para 1.472 francos).

Além de onerar o orçamento de maneira pesada, o aluguel ocasiona a noção de *vencimento fixo e regular*. Ao passo que na favela ou na Casbá toda espécie de acordo era possível, pelo fato de se poder solicitar ao proprietário um prazo ou então pedir emprestado a algum parente ou a algum amigo a pequena soma necessária ao pagamento das dívidas, isso não mais acontece na cidade ou no HLM. À brandura das relações pessoais sucedeu a rigidez burocrática. Pelo fato de absorver uma parte importante dos rendimentos, pelo fato de ser pago a intervalos regulares e em datas fixas, o aluguel (ao qual se acrescentam diversos encargos locativos) se torna o centro de toda a configuração orçamentária e de toda a economia doméstica. Por meio dele acha-se introduzida a necessidade de disciplinar e de racionalizar as despesas. Pela importância e regularidade do encargo que representa, proíbe, sob pena de graves desequilíbrios, a irregularidade e a instabilidade do emprego e dos rendimentos, a incoerência das compras, em resumo – tudo que caracterizava a vida econômica da grande maioria dos mal alojados da Casbá ou das favelas, e que ainda obseda a existência dos mais desfavorecidos dentre os novos habitantes das cidades.

O aumento das antigas despesas, como o aluguel, é agravado pelo aparecimento de despesas novas assim e pelas despesas de transporte e os encargos. Por serem novos conjuntos urbanos em sua maioria construídos na periferia das cidades, numerosos são os que se encontram afastados de seu lugar de trabalho em consequência da realocação. Além do mais, muitas quadras de habitação estão totalmente desprovidas de equipamentos coletivos, de escolas, comércio, e as crianças devem por vezes recorrer aos meios públicos de transporte para ir à escola. Em determinados casos, é necessário fazer longos trajetos para preencher e efetuar os processos administrativos, ou para se abastecer na cidade ou nos bairros onde a vida é menos dispendiosa (não é raro, por exemplo, que se continue a fazer as compras no bairro onde se residia outrora)[8].

A despesa mensal média para o transporte é de 2.300 francos (contra 3.000 francos para os europeus). Mas as variações segundo as categorias sociais são consideráveis: os funcionários e o pessoal de serviço gastam 2.600 e 2.700 francos por mês, os serventes 750 francos. Parece pois que os indivíduos das categorias mais desfavorecidas fazem economia sobre esse

8   32% daqueles que declaram desejar mudar de moradia invocam o desejo de se aproximar do local de trabalho (a duração do trajeto entre o domicílio e o local de trabalho é em média de vinte minutos; 20% dos chefes de família gastam mais de meia hora para percorrer o trajeto).

item. É entre eles, e particularmente entre os trabalhadores de baixa qualificação, que se acha a maior percentagem de indivíduos que vão a pé para o trabalho.

Quanto aos encargos, eles representam em média cinco mil francos por mês, ou seja, 8,5% do rendimento. Sabe-se que entre os mal alojados 64% tinha fornecimento de água, 64% de eletricidade e somente 20% tinha gás e também que as categorias com renda baixa (trabalhadores sem qualificação, operários, pessoal que presta serviços) eram as mais desprovidas de elementos de conforto. É para as categorias mais desfavorecidas economicamente, aquelas para as quais o peso do aluguel é proporcionalmente maior, que o aumento dos encargos é mais brutal. Apesar de o contraste ser atenuado pelo fato de as famílias com rendimentos mais baixos conseguirem comprimir essa categoria de despesas, a soma consagrada aos encargos não varia com o rendimento e é nas categorias com os rendimentos mais baixos que a parte desse item na despesa global é a mais alta. Concebe-se o apuro das famílias com rendimentos baixos, que se acham colocadas diante de uma alternativa: usar, sem fazer contas, as comodidades fornecidas pelo novo domicílio, com o risco de desequilibrar completamente o orçamento familiar ou consentir sacrifícios em outros campos, na alimentação, por exemplo, ou então reduzir ao máximo a parte do rendimento consagrado aos encargos, evitando utilizar o aquecedor de água, reduzindo o consumo de gás, de água, de eletricidade. Mas como esperar a conversão global que é indispensável para garantir a gestão racional do orçamento, a justa repartição do salário no tempo, a distribuição equilibrada das despesas entre os vários itens, de famílias (e muito particularmente de mulheres) que nunca tiveram conhecimento senão das tradições da aldeia, e que na miséria da favela não têm meios materiais ou culturais para colocar sua existência cotidiana sob o signo da racionalidade, do cálculo e da previsão racional? Há mais ainda: escolher restringir ao máximo as despesas causadas pelo uso das instalações domésticas, seria privar-se deliberadamente de tudo aquilo de que se estava privado até aquele momento. Isso tornaria a recolocar a pessoa na situação de favelado, mas em condições totalmente novas: há um abismo entre o fato de não se ter gás quando se mora numa favela e o fato de estar obrigado a cortá-lo, quando ele lá está, dentro do próprio apartamento, e de voltar ao *kanun*, para fazer economia. É a própria realocação em um apartamento moderno que se toma retrospectivamente absurda. Em ambos os casos, a moradia moderna se torna paradoxalmente o obstáculo à entrada na vida moderna que ela parecia prometer.

As mesmas análises valem a propósito da mobília. Nesse campo ainda, os mais pesados encargos recaem sobre os mais desfavorecidos. Com efeito, os mais abastados dentre os realocados podiam possuir alguns móveis (quando as condições habitacionais o permitiam). Os outros não tinham geralmente senão o mínimo de utensílios, o *habitat* precário tendo como efeito maior impedir todas as despesas com mobiliário e mais amplamente com os utensílios domésticos. Isso por várias razões convergentes. Antes de mais nada, na falta de espaço a "mobília" deve ser restringida estritamente ao mínimo: os colchões que são estendidos à noite e que são amontoados num canto durante o dia; às vezes uma cama sumária, feita de pranchas colocadas sobre estrados; um guarda-louças ou um armário onde são guardados as roupas e os pertences mais preciosos. Em segundo lugar, supondo haver o espaço necessário, não se pensaria realmente em mobiliar um *habitat* tão rudimentar, onde os móveis correriam o risco de se danificar. Todas essas razões fazem com que as despesas internas sejam reduzidas ao estritamente necessário (as despesas com itens secundários, rádio, às vezes televisão e especialmente motocicleta ou automóvel, tomam, em certos casos, uma importância desproporcionada). Na moradia moderna, ao contrário, a ausência de mobília, que era uma das condições da utilização racional do espaço habitado, constitui uma espécie de absurdidade escandalosa; ela testemunha objetivamente a incapacidade de tomar posse efetiva do espaço concedido, a inaptidão em adotar o modo de vida moderno que é proposto pela moradia[9].

Desse modo, a percentagem média das despesas mais ou menos diretamente ligadas ao *habitat* (aluguel, encargos, transporte, conservação e mobiliário) alcança 44,5% contra menos de 10% entre os mal alojados (onde o aluguel absorvia somente 4,5% do rendimento, ao passo que, os encargos, as despesas de conservação e de mobiliário eram bastante reduzidas). Toda a vida econômica da família realocada deve reestruturar-se ao redor desse item que toma uma importância desmedida. Os que não têm qualificação, de rendas mais baixas (41.918 francos), consagram 21,5% de seus rendimentos ao aluguel (contra 15,5% para o conjunto da amostra e 8% para os quadros superiores); apesar de reduzirem ao máximo o consumo de eletricidade e especialmente de gás (seja porque utilizem unicamente o *kanum*, seja porque eliminem o aquecedor de água), seus encargos se elevam, todavia, a cinco mil francos, ou seja, 12% de seus rendimentos. Resulta disso que esses dois itens absorvem exatamente *um terço* de seus recursos. Mesmo que as despesas em matéria de transporte, de conservação da habitação

---

9   A tomada de posse de que tratamos aqui nada tem a ver com o direito de propriedade. Apesar de serem locatários em sua grande maioria (82%), os habitantes das favelas ou da Casbá tinham menores dificuldades em tomar posse de seu *habitat* do que os habitantes das cidades entre os quais se encontra 9% de proprietários, 55% de proprietários virtuais (locação-venda) e 36% somente de locatários. O fato de se sentirem incapazes de tomar posse real do apartamento acaba por esvaziar de sua substância o sentimento de ser proprietário. A tal ponto que um sem-número de pessoas alocadas pelo sistema de locação-venda diz querer se tornar proprietários, quando virtualmente já o são.

e de mobiliário sejam sem dúvida comprimidas ao máximo (a parte total consagrada a esses itens não é senão 11% contra 17% para o conjunto da amostra), as despesas ligadas à moradia absorvem cerca da metade do rendimento[10]. O desequilíbrio é profundo e não é senão em detrimento de outros itens, tais como a alimentação e o vestuário, que essas famílias podem se manter numa moradia que as levam a fazer despesas desproporcionais ao seus meios. Entre os operários, cujo rendimento médio é sensivelmente mais elevado, a parte das despesas ligadas ao *habitat* permanece mais ou menos semelhante (46,5%): o aluguel e os encargos absorvem somas mais ou menos idênticas (14.266 francos contra 14.091 para os serventes), mas as despesas de transporte (2.721 contra 750 francos, ou seja, 3,6 vezes mais), as despesas de manutenção (3.173 contra 750 francos, ou seja, 4,2 vezes mais) e as aquisições de mobília (4.388 francos contra 3.522, ou seja, 1,2 vezes mais) são muito mais elevadas (em mais de cinco mil francos). Talvez seja preciso concluir que dentre as restrições que são impostas, as mais penosas (as que são deixadas de lado desde que isso seja possível) são, na ordem, aquelas que dizem respeito à conservação e ao arranjo da moradia, a seguir às despesas de transporte, e depois com mobília. Nessa categoria ainda, as despesas ligadas ao alojamento absorvem cerca da metade dos rendimentos[11]. Para

10   Se a parte que cabe ao mobiliário é muito elevada relativamente (8,4% contra 10,9% para o conjunto), significa que a maioria das famílias estava totalmente desprovida de mobília no momento do realojamento.

11   Artesãos e comerciantes são, de todas as categorias, as que consagram a menor parte de seu rendimento ao aluguel e aos encargos (12,5% e 8%); mas há uma oposição muito marcada entre os artesãos e os comerciantes tradicionais que conservaram um estilo de vida tradicional, com exigências em matéria de *habitat*, pois, muito reduzidas, e os artesãos modernos que consagram a seus interiores somas relativamente elevadas. O pessoal que presta serviços, cuja ▶

as outras categorias, a situação é completamente diferente: antes de mais nada a variação é menor entre as despesas na antiga residência e na nova. Com efeito, as classes médias e superiores já estavam providas de elementos de conforto e muitas vezes pagavam um aluguel relativamente elevado; além do mais, sendo seus rendimentos mais consideráveis, o aluguel e os encargos pesam menos sobre seu orçamento; enfim, as famílias dessas categorias estão muito melhor preparadas para adaptarem-se a uma habitação moderna e se impor a disciplina exigida por essa adaptação. Os sacrifícios são compensados pelas vantagens que um rendimento relativamente elevado torna acessíveis. À medida que o rendimento aumenta, e, paralelamente, o nível de instrução e o grau de adaptação à vida moderna, a habitação moderna cessa de ser essa espécie de presente envenenado que ela é para as categorias inferiores e fornece as condições materiais de uma reorganização do sistema de práticas.

O apartamento moderno é um elemento de um sistema e, a esse título, exige daqueles que devem ocupá-lo a adoção de um certo estilo de vida; supõe e admite a adoção de todo um conjunto de práticas e de representações, tais como novas relações entre os membros da família, em suma, uma nova concepção da instrução das crianças, uma nova economia doméstica. O acesso ao *habitat* requer uma verdadeira metamorfose cultural de que nem todos os realocados são capazes, porque eles não detêm os meios econômicos para desempenhá-la, nem a disposição – que não pode se constituir na ausência desses meios.

> ▷ atividade profissional põe em contato com os europeus, fazendo--os às vezes penetrar em seus lares, têm despesas de manutenção e de mobiliário elevados (relativamente): 13.529 francos por mês, ou seja, mais do que os trabalhadores sem qualificação e os operários juntos (4.544 e 7.561 francos).

O apartamento moderno é um espaço já estruturado, o que é indicado por sua organização, sua extensão, sua forma, ao tipo de utilização futura etc. A título de utensílio, isto é, de objeto material preparado para um certo uso, ele revela seu futuro e o uso futuro que poder-se-á (e dever-se-á) fazer dele, se se quiser conformar-se à "intenção" que contém. Em resumo, ele se manifesta como um sistema de exigências que se inscrevem no espaço objetivo e que exigem ser preenchidas, como um universo salpicado de expectativas e por isso criador de necessidades e de disposições. Mas, ao mesmo tempo, na medida em que não está perfeito e totalmente concluído, pois as adições e as modificações são possíveis e mesmo indispensáveis, o uso futuro que dele se pode fazer não é inteiramente predeterminado. Eis o porquê de ele aparecer como lugar de exigências que é preciso preencher e também como um espaço estranho que é preciso desbravar, humanizar, isto é, possuir, e que apresenta resistência. Transformar um apartamento, mobiliá-lo, decorá-lo, significa, sem dúvida, torná-lo mais confortável, mas também e especialmente dominá-lo, imprimindo nele a própria marca, possuí-lo, tornando-o pessoal. "Moderno", feito para um homem "moderno", o apartamento exige um comportamento de homem moderno. Para aquele que não tem os meios para ocupá-lo e habitá-lo, ele se torna uma espécie de mundo estranho ao qual não se pode imprimir marca própria e do qual não se sabe como preencher as expectativas. A disposição das peças, o espaço disponível, as predeterminações funcionais exigem um determinado tipo de mobília, um determinado tipo de iluminação, um determinado tipo de decoração. Se não há nada de mais desolado do que um apartamento moderno "mobiliado", à maneira de uma favela, com alguns colchões, um *kanun* e uma esteira, é porque ele não é habitado, mas "ocupado": não é uma habitação, isto é, um espaço organizado, dominado e humanizado, mas pura e simplesmente um local.

O escândalo é maior para seus próprios ocupantes que esperavam, confusamente, que o apartamento moderno pudesse satisfazer as expectativas que surgem, mas não são preenchidas; é muito maior também porque, à diferença do que se passava na favela, as incitações e as solicitações não mais são encontradas (por intermitência) num universo estranho, aquele dos europeus, mas estão inscritas permanentemente no âmago do espaço mais familiar[12].

Em resumo, a moradia moderna faz surgir dificuldades materiais por vezes intransponíveis e ao mesmo tempo aspirações inacessíveis. Além do mais, por sua própria estrutura, ela é solidária a toda uma arte de viver que a existência cotidiana de muitos novos locatários contradiz em tudo. Por uma espécie de deslocamento, aquele que descobre ser incapaz de preencher as exigências de seu apartamento pensa que as acomodações não respondem às suas exigências: ao decifrar a intenção da acomodação em si definida como "econômica" ou "evolutiva", ele a percebe como uma moradia europeia degradada, como "feita para os árabes e boa para os árabes", quando esse domicílio que é julgado insuficiente a título de habitação de baixo preço na verdade já ultrapassa suas possibilidades. Daí os propósitos contraditórios desses infelizes locatários que se afirmam capazes de pagar o aluguel da cidade europeia ("com todos os confortos") quando, ao contrário, têm dificuldade em pagar o gás e o aluguel de sua habitação ("econômica"). Daí também a

12 Um dos fundamentos da solidariedade real que une os habitantes da favela é a uniformidade das condições de existência que os faz provar a miséria como condição comum e repartida por todo o grupo. A revolta dos excluídos, que tem sua raiz no confronto com o mundo dos europeus, às vezes longínquo e exterior, é de natureza totalmente diferente daquela que é suscitada pela experiência direta da impossibilidade de beneficiar-se das vantagens oferecidas por esse mundo, agora ao alcance da mão, na própria casa, sob a forma de um conforto de que é preciso privar-se, ou no apartamento ou no edifício ao lado, na casa dos que têm os meios para apropriarem-se disso.

constelação de práticas pelas quais adapta a cidade às suas possibilidades, por falta de se poder adaptar-se a ela. Não podendo alcançar o nível de adaptação superior que a cidade moderna exige, procura criar uma forma de adaptação a um nível inferior, à custa de uma "favelização" da cidade[13]. É assim que, nas classes mais desfavorecidas, a família numerosa que se tinha espalhado tende a reconstituir-se. Pais que tinham permanecido na favela ou recentemente vindos do campo reúnem-se ao núcleo instalado no apartamento. Nas cidades horizontais, erguem-se barracos nos pátios (em La Montagne, por exemplo). Nas cidades verticais, fecham-se os alpendres para deles fazer quartos destinados a abrigar uma nova família. O número de pessoas ativas aumenta. Essas pessoas vão procurar ocupação nas imediações do local, fundando pequenos comércios ambulantes ou espalhando mercadorias heteróclitas e miseráveis no próprio chão. Correlativamente, uma parte dos comércios de estilo europeu é negligenciada. Lugares espontâneos de reunião criam-se nos arredores das cidades. E pode se rever, encostados aos muros do prédio, os velhos que conversam, assim como faziam na favela ou na aldeia da Cabília. Mas os que

13 As numerosas degradações que se observam nas partes comuns de certas cidades e que são obra de crianças e adolescentes, mas que não suscitam senão raramente a desaprovação marcada dos pais, são sem dúvida o melhor índice da recusa em aderir ao *habitat* e, se assim se puder afirmar, de torná-lo segundo seu modo de ver. Em tal território (Diar-Mahçoul), onde o descontentamento é muito grande, talvez por levar ao limite extremo todas as contradições que foram analisadas (a cidade "evolutiva" rodeia aí a cidade "com todos os confortos" dos europeus; um sem-número de locatários dispõe de rendas relativamente baixas e tem, por conseguinte, maior dificuldade de adaptar-se à habitação; por fim, toda espécie de obstáculos se opõe à "favelização" que as cidades "evolutivas" possibilitam – por exemplo, La Montagne), as degradações são muito numerosas. Outra cidade (Diar el Bahia), ocupada por famílias que possuem seu apartamento em copropriedade, e que desfrutam de salários elevados, apresenta pouquíssimas degradações.

"favelizam" a cidade moderna não obedecem a um tradicionalismo retrógrado. Impedidos de adaptar-se, como desejariam, a um *habitat* que exige uma mutação de toda a atitude, privados das condições materiais dessa mutação, eles não fazem senão recriar as antigas condições de vida de que tinham acreditado fugir ao alcançar a cidade moderna.

O contraste entre as necessidades suscitadas pela habitação e os meios disponíveis é agravado pelo transtorno que a instalação no novo apartamento determinou e que diz respeito a todos os aspectos da existência. Não somente o equilíbrio orçamentário que repousava sobre a pluralidade das fontes de rendimentos é ameaçado pelo fato de não restar, na maioria das vezes, senão um salário (às vezes instável) para uma despesa que aumentou e que deve organizar-se ao redor de itens que se tornaram regulares[14]. O desmembramento da família, a ruptura com uma vizinhança familiar, são a causa do isolamento da família nuclear e do afrouxamento dos vínculos de solidariedade: não há mais com quem flanar; à atmosfera viva da favela tomaram lugar as relações superficiais e ocasionais do HLM; alguns vão novamente ver os velhos amigos da favela, em suas horas de lazer, ou então vão sentar-se na favela que se encontra perto de seu imóvel. As mulheres sofrem particularmente por causa desse restringimento do campo social (rodeadas por desconhecidos, elas saem menos) e isso porque elas não encontram em sua casa nada que possa compensar o que a vida das antigas relações podia lhes prover[15].

---

14 Por oposição ao crédito de confiança, o crédito bancário introduz uma regularidade e uma rigidez desconhecidas. As novas despesas se tornam o centro de todas as condutas. A estabilidade das despesas exige a estabilidade do emprego e um mínimo de cálculo racional.

15 Conscientes disso, alguns homens compram televisão para suas esposas. Mas os mais pobres não saberiam como enfrentar tal despesa, pois mal conseguem pagar o aluguel.

O novo *habitat* isola, ao passo que a favela ou o velho bairro unia. Numa casa da Casbá, por exemplo, a separação entre as moradias ocupadas pelas diferentes famílias é mais simbólica do que real. A casa ou o bairro são o prolongamento do espaço interior[16]. O espaço de vida da mulher estende-se até as casas ou aos quartos vizinhos, até a fonte, até a mercearia; o apartamento ou o barraco estão cercados por todo um conjunto de pontos, mais ou menos afastados, que correspondem a diferentes atribuições da atividade feminina, atividades que reúnem um grupo cada vez maior à medida que a pessoa se afasta: no canto da peça reservada para esse uso, a mulher organiza a cozinha; no pátio, ela pega a água e, às vezes, lava a roupa; no terraço, estende a roupa lavada para secar; no banho mourisco, comum para todo o bairro, ela se encontra com as vizinhas. Assim, a maioria das atividades que lhe cabem contribui para inseri-la numa rede social externa à família propriamente dita.

De modo inverso, a célula do *habitat* de um imóvel deve fornecer, aos que a ocupam, tudo aquilo de que podem necessitar. Todas as atividades femininas (lavagem e secagem da roupa, passar a ferro, cozinhar etc.) podem nela ser efetuadas. Desde então, a oposição entre o interior e o exterior encobre a oposição entre o núcleo familiar e a vizinhança, entre o apartamento e o resto do imóvel. Por causa da ausência total de equipamentos coletivos no território, o espaço de atividade da mulher se restringe e isso tanto mais porque a moradia moderna solicita uma maior atividade doméstica; o mundo exterior começa na própria porta. O corredor, que deveria aparentemente criar um laço

---

16 "Na Casbá, conhecia todo mundo e todo mundo me conhecia, podia entrar em todas as casas e ver as mulheres. Podia censurar as pessoas, sem ofender ninguém por isso. Éramos separados uns dos outros por um simples véu. Aqui, não é mais um véu, é uma porta. Somos 245 locatários, e nem ao menos nos conhecemos uns aos outros. É cada um em sua casa e cada um por si."

entre os vizinhos, é um terreno estranho: é raro, por exemplo, alguém tomar o ar fresco à noite ou colocar vasos de flores. As relações com as vizinhas não mais se estabelecem por ocasião dos trabalhos domésticos, elas se tornam mais raras e mais superficiais e, quando se instauram, parecem inúteis, uma perda de tempo, tagarelice ou fofocagem. Além do mais, vista como um obstáculo ao individualismo que o *habitat* encoraja, a vida social é antes suportada do que escolhida. As relações não mais se estabelecem, muitas vezes, senão por meio das queixas suscitadas pelo barulho ou pelas crianças. Em razão da mudança de residência, as pessoas não mais estão ligadas aos vizinhos por relações antigas, e a organização objetiva do espaço não favorece o estabelecimento de relações novas. Daí uma atitude aparentemente contraditória em relação ao novo meio ambiente: as pessoas se queixam ao mesmo tempo do isolamento (isso se dá especialmente entre as mulheres) e da promiscuidade, simples proximidade sofrida. Porque as tradições culturais não preparam para o novo modo de vida, e a exiguidade do *habitat* encoraja a fugir de casa desde que seja possível, os homens continuam a passar juntos suas horas de lazer. Uma vez que seu espaço de vida é mais amplo e seu lugar natural é o exterior, eles sofrem menos que as mulheres pelo isolamento determinado pela realocação. Para a mulher, nada, com efeito, pode substituir a perda das satisfações que o ambiente social da favela lhe proporcionava. Assim, a família nuclear, cuja habitação moderna, pelas constrições espaciais e orçamentárias que ela impõe, favorece a autonomização ao mesmo tempo material e moral, não encontra em si mesma os recursos econômicos e nem as tradições culturais (técnicas de lazer, leitura, *bricolage,* representações culturais que favorecem e valorizam a intimidade do casal) que são condições de uma plena realização dessa autonomia. Resulta disso que as novas unidades sociais nascidas da realocação se acham colocadas a meio caminho entre duas formas de equilíbrio econômico e social, com o sentimento de ter perdido tudo de um lado, sem ganhar grande coisa do outro.

Ao contrário, para os mais favorecidos, que o antigo *habitat* condenava a uma existência dual, sendo manifesta a ruptura entre a vida que levavam no escritório e aquela que lhes era imposta pela favela, o acesso à moradia moderna é a ocasião para uma mutação cultural. Todos os obstáculos são removidos. O foco de todas as contradições desaparece. As aspirações acham-se redobradas pelos impulsos e as incitações criadas pelo *habitat*. Melhor, os desejos que eram até aí formulados na imaginação e que eram concretamente frustrados encontram as condições materiais de sua realização. A tendência para a autocompletação do sistema constituído pelo novo estilo de vida suscita novas necessidades. Algumas das despesas aumentam enormemente: mobiliário, utensílios domésticos, vestuário (com a preocupação de atestar um certo *status*), equipamento de lazer (televisão) etc. Resulta daí que a repartição das despesas entre os diversos itens orçamentários acha-se profundamente transformada; recorre-se cada vez mais ao crédito bancário, o que traz, consequentemente, a necessidade do cálculo. Parece que as despesas de alimentação diminuem muito, pelo menos em valores relativos. Todavia, diferentemente das outras categorias que empenham em habitação despesas desproporcionais aos seus rendimentos, sem, portanto, alcançar a satisfação das exigências do *habitat* moderno e das novas necessidades que ele faz surgir, as famílias dessas classes são geralmente mais bem preparadas para se adaptar a uma habitação moderna e a impor as disciplinas que o êxito dessa adaptação exige; além do mais, dispondo de rendimentos nitidamente mais elevados, essas famílias podem realizar um novo equilíbrio econômico sem serem obrigadas a impor sacrifícios desmedidos em outros campos. Porque todas as condições econômicas e culturais de uma transformação global do sistema das disposições econômicas estão reunidas, o acesso à habitação moderna é a ocasião para uma reestruturação do sistema das práticas que é observada na divisão do trabalho entre os sexos, na gestão do orçamento, na instrução das crianças, ou nas práticas do lazer. É assim que a tendência do grupo familiar a fechar-se sobre si mesmo que o novo *habitat* favorece é acompanhada, na maioria das vezes, da descoberta de uma nova arte de viver: o que para outros é isolamento aqui aparece como intimidade. Os homens ficam muito mais tempo em casa; a leitura, a televisão e as crianças tomam cada vez mais o lugar da convivência com amigos. As mulheres se dedicam mais ao governo da casa, à leitura e ao cuidado das crianças em idade escolar. A intensificação das relações domésticas compensa a rarefação das relações com o exterior e o afrouxamento das relações com os parentes mais ou menos afastados que é ao mesmo tempo a condição e o produto do aburguesamento[17].

Desse modo, por meio das condições que lhe dão acesso e das transformações da prática que ele torna possíveis, a moradia moderna tornou possível o desabrochar de uma (pequena) burguesia cujo estilo de vida, os valores, as aspirações, a separam do proletariado e do subproletariado das favelas e dos bairros antigos. As condições que devem ser preenchidas por aqueles que a franqueiam fazem com que a "soleira da modernidade" seja aqui uma fronteira entre as classes.

---

17 Ainda que os subproletários mal adaptados à cidade mantenham os vínculos com o antigo meio ambiente, a maioria dos membros dessa nova classe média rompe os vínculos antigos, evitando cuidadosamente voltar ao bairro de outrora e abandonando cada vez mais a retribuição de visitas que sustentava os vínculos com os parentes afastados no espaço geográfico e especialmente no espaço social.

CONCLUSÃO

Se a mesma significação se exprime tanto nas condutas econômicas, fatalistas ou empreendedoras, incoerentes ou metódicas, quanto nas condutas ou nas opiniões políticas, resignadas ou resolutas, revoltadas ou revolucionárias, é porque o sistema das disposições está ligado à situação econômica e social pela mediação das potencialidades objetivas que essa situação define e que definem essa situação. Mensuráveis estatisticamente, a título de regularidades independentes das vontades individuais, as probabilidades objetivas e coletivas (por exemplo, as probabilidades de acesso aos bens raros ou de ascensão social em uma ou mais gerações) são também dados concretos da experiência individual. Interiorização da situação objetiva, o *habitus* de classe é a estrutura unificadora do conjunto das disposições que supõem a referência prática ao futuro objetivo, quer se trate da resignação ou da revolta contra a ordem atual ou da aptidão a submeter as condutas econômicas à previsão e ao cálculo.

De fato, a consciência da situação de classe pode ser também, sob outro ponto de vista, uma inconsciência dessa situação. O uso de conceitos mediadores (ou híbridos), tais como potencialidades objetivas ou *habitus* de classe, permite ultrapassar as oposições abstratas entre o subjetivo e o objetivo, o consciente e o inconsciente. O futuro objetivo é aquele que o observador deve postular para compreender a conduta atual dos sujeitos sociais, o que não significa que ele coloca na consciência dos sujeitos que observa a consciência que tem de sua consciência. Com efeito, o futuro objetivo não pode ser um fim conscientemente perseguido pelos sujeitos e ainda constituir o princípio objetivo de suas condutas, porque está inscrito na situação presente desses sujeitos e em seu *habitus*, objetividade interiorizada, disposição permanente adquirida numa situação sob a influência dessa situação. Os subproletários reproduzem, tanto em suas representações conscientes quanto em suas práticas, a situação de que eles são o produto e que encerra a impossibilidade de uma tomada de consciência adequada de verdade da situação: não conhecem essa verdade, mas a fazem ou, se quisermos, a afirmam por meio do que fazem. Seus propósitos irrealísticos não contradizem senão na aparência a realidade objetiva que seus atos exprimem tão claramente: a própria ilusão não é ilusória e é preciso esquivar-se de ver um fantasma arbitrário que não é senão o efeito objetivo de sua posição impossível no sistema econômico e social.

Apesar de o agente social não poder, por essência, apreender em sua totalidade um sistema que nunca lhe aparece senão de perfil, a variação entre a apreensão subjetiva e a verdade objetiva da situação varia consideravelmente conforme as situações de classe. A pressão da necessidade econômica pode suscitar um descontentamento e uma revolta que não supõem necessariamente o escopo claro e racional da finalidade da revolta (como é visto, por exemplo, pela distância que separa a quase-sistematização afetiva de uma verdadeira totalização) e que podem se traduzir tanto pela passividade resignada quanto por explosões elementares desprovidas de finalidade explícita. A imagem mecânica da compressão seguida de explosão, comumente obscurece o fato de que a opressão mais intensa não coincide com a consciência mais aguda da opressão e que, muito ao contrário, a discrepância nunca é tão grande quanto no caso entre a verdade da situação objetiva e a consciência dessa situação. Em resumo, a menos que se queira ver na consciência de classe o resultado mecânico da pressão exercida pela necessidade econômica ou, ao contrário, o ato reflexivo de uma liberdade que se determina a despeito dos, e contra todos os, determinismos objetivos, é preciso admitir que a revolta contra a situação atual não pode se orientar em direção a alvos racionais e explícitos senão quando estiverem dadas as condições econômicas da constituição de uma consciência racional dessas finalidades, isto é, quando a ordem atual contiver a potencialidade de seu próprio desaparecimento e produzir, devido a isso, agentes capazes de fazer desse desaparecimento seu projeto.

ANEXOS

O SENSO DE HONRA
1960

A CASA CABILA
OU O MUNDO INVERTIDO
1963-1964

O SENSO DE HONRA

Quando discutimos os níveis de adequação descritiva e explanatória, imediatamente surgem questões sobre a consistência dos dados em termos de qual sucesso é para ser julgado [...]. Por exemplo, [...] alguém pode perguntar como podemos estabelecer que duas sentenças são de tipos diferentes, ou que "a ânsia de John para agradar..." é bem formada, enquanto "a facilidade de John para agradar..." não é, e assim por diante. Não há uma resposta muito satisfatória a essa questão; dados desse tipo são simplesmente o que constitui a matéria para a teoria linguística. Negligenciamos esses dados às custas de destruir a matéria.[1]

NOAM CHOMSKY, *Current Issues in Linguistic Theory.*

[1] "When we discuss the levels of descriptive and explanatory adequacy, questions immediately arise concerning the firmness of the data in terms of which success is to be judged [...]. For example, [...] one might ask how we can establish that the two are sentences ►

N. sempre teve o suficiente para comer, fez com que os outros trabalhassem para ele, beneficiou-se, como que por direito de senhor, de tudo o que os outros tinham de melhor em seus campos e em suas casas; embora sua situação tivesse sofrido grande declínio, ele acreditava ter permissão para fazer o que bem entendesse, sentia-se no direito de exigir qualquer coisa, atribuía-se o direito de ser a única palavra legítima, de insultar e até mesmo de bater naqueles que esboçassem alguma resistência. Sem dúvida, é por isso que ele foi considerado um *amahbul*. *Amahbul* significa um indivíduo descarado e insolente, que ultrapassa os limites da decência garantidora das boas relações, é aquele que abusa de um poder arbitrário e comete atos contrários ao que nos ensina a arte de viver. Esses *imahbal* (plural de *amahbul*) são evitados porque ninguém gosta de ter desavenças com eles, porque eles são imunes à vergonha, porque aqueles que resolvem desafiá-los, em todo e qualquer caso acabam se tornando vítimas, mesmo que estejam com a razão.

Nosso homem tinha em seu jardim um muro que precisava ser restaurado. Seu vizinho tinha um muro de arrimo. Ele põe abaixo esse muro de arrimo e leva as pedras para sua casa. Dessa vez esse ato arbitrário não foi desferido contra alguém mais fraco: a "vítima" tinha os meios, e em grande medida, para se defender. Tratava-se de um homem jovem, forte, com muitos irmãos e parentes, membro de uma família enorme e poderosa. É óbvio, portanto, que se o jovem não aceitou o desafio não foi por medo. Consequentemente, a opinião pública não poderia ver nesse ato abusivo um genuíno desafio, violando a honra. Ao contrário, tanto a opinião pública quanto a vítima afetada ignoram-no. Na verdade,

> ▷ of different types, or that 'John's eagerness to please…' is well-formed, while 'John's easiness to please…' is not, and so on. There is no very satisfying answer to this question; data of this sort are simply what constitute the subject matter for linguistic theory. We neglect such data at the cost of destroying the subject."

é um absurdo cair em uma querela com um *amahbul*; afinal, não dizem "mantenha-se afastado, evite o *amahbul*"?

Contudo, a vítima foi procurar o irmão do culpado. Este concordou com o reclamante, mas perguntou a si mesmo como faria para que o *amahbul* desse ouvidos à razão. Explicou ao seu interlocutor que este cometera um erro ao não reagir imediatamente com a mesma violência, e acrescentou: "Quem esse patife pensa que é?" Então o visitante, mudando bruscamente de atitude, se indignou: "Ah, Si M., por quem você me toma? Acha que eu aceitaria ter uma discussão com Si N. por causa de algumas pedras? Vim te ver porque sei que você é sábio e que com você posso conversar, que você vai me entender, não vim aqui pedir que me paguem pelas pedras [e nesse instante ele jurou por todos os santos que nunca aceitaria compensação]. Porque o que Si N. fez, é preciso ser *amahbul* para fazer o que ele fez, e eu, eu não quero lançar a mim mesmo na vergonha [*adhbahadlagh ruḥiw*²] com um *amahbul*. Só saliento que com tais procedimentos não se constrói uma casa lícita, justa [*akham naṣaḥ*]." E acrescentou, no final da conversa: "Quem tem um *amahbul* na família deve repreendê-lo antes que outros o façam"; em outras palavras: "Você está errado ao não ser solidário com seu irmão na minha frente, mesmo que você fale com ele e o corrija na minha ausência, que é, aliás, o que estou pedindo que você faça"³ (Aghbala).

---

2   *Bahdel* (um verbo) significa lançar na vergonha, desonrar, dominar alguém completamente, derrotá-lo, ridicularizá-lo, em suma, trata-se de levar a vitória além dos limites razoáveis. *Bahdel* é mais ou menos condenável dependendo do adversário e sobretudo do que ele é acusado. A propósito de *amahbul*, uma pessoa não diz: "Tenho medo que ele me ridicularize (*bahdel* – verbo)"; mas "Não vou ridicularizar-me (*adhbahadlagh* – reflexivo; *ruḥiw* – a meu espírito, a mim mesmo) com ele." *Chemmeth* tem praticamente o mesmo significado e os mesmos usos (*ichemmeth iman-is*: ele se desonra).

3   "Aquele que desnuda seu irmão desnuda a si mesmo", diz o provérbio. "Ele insulta a si mesmo (isto é, a seu irmão ou a sua família): o asno vale mais do que ele" (*Its' ayar imanis, daghyul akhiris*).

Para compreender toda sutileza desse debate, é preciso saber que nele estão em oposição um homem perfeitamente mestre da dialética do desafio e da resposta e um outro que, por ter vivido muito tempo fora de Cabília, esqueceu-se do espírito da tradição: não vendo no incidente mais que um simples furto cometido por um irmão que ele poderia repudiar em nome da justiça e do bom senso, sem que as regras da solidariedade familiar pudessem ser violadas com isso, ele raciocinou em termos de interesse – o muro vale uma certa quantia, e essa pessoa deve ser compensada. E seu interlocutor ficou espantado com o fato de que um homem tão instruído pudesse ter se enganado a tal ponto acerca de suas verdadeiras intenções.

Em determinado ano, em outra aldeia, um camponês foi roubado por seu meeiro. Este último estava acostumado a fazer aquilo, mas naquele ano ultrapassara todos os limites. Depois de esgotados todos os tipos de repreensões e ameaças, acabaram diante de uma assembleia. Os fatos eram conhecidos por todos, era desnecessário a apresentação de provas e, vendo sua causa perdida, o meeiro rapidamente pediu perdão conforme a tradição, não sem antes ter elaborado todo tipo de argumento: a saber, que ele cultivava aquelas terras há muito tempo, que ele as considerava como de sua propriedade pessoal, que o proprietário ausente não precisava da colheita, que, a fim de demonstrar sua preocupação, atenção e para agradar ao proprietário, dava a ele seus próprios figos, da melhor qualidade, deixando subentendido que mais tarde recuperaria na quantidade, que ele era pobre, que o proprietário era rico e tão rico que tinha "condições de dar aos pobres" etc., enfim, o meeiro apresentou uma série de desculpas com a intenção de adular o proprietário. Ele proferiu a fórmula "Deus me perdoe", que deveria, segundo o costume, encerrar definitivamente o debate. Porém acrescentou:

Se agi bem, Deus seja louvado (tanto melhor),
Se errei, Deus me perdoe.

O proprietário ficou furioso com a fórmula, embora perfeitamente legítima e apropriada, uma vez que lembra que um homem, mesmo que tenha feito autocrítica honrosa, não pode estar de todo errado, nem pode de modo algum levar toda a culpa, e tem portanto sempre um pouco de razão, do mesmo modo que o outro sempre está um pouco errado: o proprietário queria um simples "Deus me perdoe", uma submissão incondicional. E o meeiro, indo mais longe, tomou a assistência como testemunha: "Ó criaturas, amigos dos santos. Estão vendo? Louvo a Deus e esse homem me censura por isso!" E repetiu ainda duas ou três vezes a mesma fórmula, diminuindo-se progressivamente e mostrando-se cada vez mais humilde. Diante dessa atitude do meeiro, o proprietário se enfurecia cada vez mais, de modo que, no final, a aldeia inteira, apesar do respeito que tinha pelo homem letrado, "estranho" à região, estava desolada por ter de repreendê-lo. Uma vez acalmados os ânimos, o proprietário lamentou sua intransigência; atendendo ao conselho de sua esposa, mais bem informada acerca dos costumes, ele foi encontrar-se com o imã da aldeia e com parentes mais velhos para se desculpar por sua conduta; alegou que fora vítima de *elbahadla* (a ação de *bahdel*), o que todos compreenderam.

Em outro lugar, a tensão entre dois "partidos" (*ṣuf*) exasperou-se por causa de um incidente. Um dos "partidos", cansado dessa situação, enviou a um notável do partido "adversário" uma embaixada inteira composta por marabutos do aduar e de aduares vizinhos, pelo imã do povoado, por todos os *ṭulba* (plural de *ṭaleb* [estudante]) de uma *thim'amarth* (escola religiosa) vizinha, ou seja, mais de quarenta pessoas a quem ele assegurou transporte, alojamento, alimentação. Para todas as pessoas da região, exceto para aquele que era objeto da operação, um cabila desenraizado e pouco informado dos costumes, aquilo era um ritual. O costume sugeria que depois de beijar os negociadores na testa, aceitava-se todas as propostas e invocava-se a paz, o que não excluía a possibilidade de retomada das hostilidades em seguida, sob um pretexto qualquer, sem que ninguém fizesse objeções a isso. Os notáveis primeiro anunciam o objetivo de sua abordagem: "Os Ath... vêm pedir perdão." O costume espera que, no primeiro momento, eles se dissociem da parte pela qual vêm interceder. Falam em seguida, com dignidade, aqueles que pedem perdão "no interesse de todos, e sobretudo no interesse dos mais pobres da aldeia": "São eles que sofrem com nossa discórdia; eles não sabem onde ir, estão perdidos, como vocês podem ver, eles dão pena... [apresentam uma grande quantidade de razões para livrar a cara]. Vamos fazer as pazes; esqueçamos o passado." É conveniente que aquele a quem foram rogar manifeste alguma relutância, algumas reservas; ou então, de acordo com uma cumplicidade tácita, uma parte do acampamento endurece, enquanto a outra, com a finalidade de não botar tudo abaixo, de colocar tudo a perder definitivamente, mostra-se mais conciliadora. No meio do debate, os mediadores interveem: eles acusam e encontram falhas na parte solicitada, isso a fim de restabelecer o equilíbrio e evitar uma humilhação total (*elbahadla*) ao solicitador. Pois o mero fato de ter apelado aos bons ofícios dos marabutos, de tê-los alimentado e vindo com eles, constitui uma concessão suficiente por si só; não se pode ir mais longe na submissão. Além do mais, estando os intercessores, por função, acima das rivalidades, e gozando de um prestígio capaz de forçar o consentimento, eles podem se dar ao luxo de adotar um leve tom de repreensão àquele que se recusa a ceder às súplicas. "Tudo bem, talvez eles tenham muitos erros, mas você, Si X, você tem culpa no seguinte..., você não deveria ter feito... e hoje deve perdoá-los; de resto, perdoem-se uns aos outros, e nós nos empenhamos em sancionar a paz firmada entre vocês etc." A sabedoria dos notáveis os autoriza a operar esse equilíbrio entre erros e acertos. Porém, nesse caso em particular, aquele a quem foram suplicar era incapaz, por falta de conhecimento das regras do jogo, de conformar-se com essas sutilezas diplomáticas. Ele queria pôr tudo às claras, raciocinava em termos de "ou... ou". "Como é que é? Se vêm suplicar a mim, é porque os outros estão errados; é eles que vocês devem condenar, em vez de reprenderem a mim. Ou será que, por eles terem alimentado e pago a vocês, vocês vieram até aqui para defendê-los?" Eis o mais grave dos insultos que alguém poderia fazer ao areópago; até onde qualquer cabila conseguia se lembrar, aquela era a primeira vez que uma delegação composta por tão veneráveis personalidades havia fracassado em conseguir obter o acordo das duas partes, e o refratário foi prometido à pior das maldições.

A DIALÉTICA DO DESAFIO E DA RESPOSTA

Poderíamos relatar uma infinidade de fatos semelhantes; porém a análise desses três relatos nos permite identificar as regras do jogo do desafio e da resposta. Para que haja desafio, é necessário que aquele que o lance estime que aquele que o recebe seja digno de ser desafiado, isto é, seja capaz de enfrentar o desafio, em suma, deve reconhecê-lo como seu igual em honra. Lançar um desafio a alguém significa reconhecer nessa pessoa a qualidade de homem, reconhecimento que é a condição de qualquer troca e do desafio de honra como o primeiro momento de uma troca; significa ainda reconhecer no desafiado a dignidade do homem de honra, visto que o desafio, como tal, requer a resposta e, consequentemente, se endereça a um homem estimado capaz de jogar o jogo da honra e do bem jogar, o que supõe, em primeiro lugar, que ele conhece as regras e, em segundo, que ele detém as virtudes indispensáveis para respeitá-las. O sentimento da igualdade em honra, que pode coexistir com desigualdades de fato, inspira um grande número de condutas e de costumes, e se manifesta, em particular, na resistência oposta em face de qualquer pretensão à superioridade; "Eu também tenho bigode", costuma-se dizer[4]. A arrogância é imediatamente chamada à ordem: "É apenas um monte de lixo que aumenta", dizem. "Sua cabeça toca sua chéchia[5]"; "O preto é preto; agora adicionaram tatuagens!"; "Ele quer andar como a perdiz enquanto se esquece de como uma galinha anda!" Na aldeia de Tizi Hibel, na Grande Cabília, uma rica família mandou construir aos seus uma tumba em estilo europeu, com grade, lápide e inscrição, transgredindo a regra que impõe o anonimato e a uniformidade das tumbas. No dia seguinte, as grades e as lápides tinham sumido.

Do princípio de reconhecimento mútuo da igualdade em honra segue-se um primeiro corolário: o desafio faz honra. "O homem que não tem inimigos é um burro", dizem os cabilas; sendo que a ênfase recai não sobre a estupidez do burro, mas em sua passividade. O que há de pior é passar despercebido; assim, não cumprimentar alguém significa tratar essa pessoa como uma coisa, um animal ou uma mulher. O desafio é, ao contrário, "um ápice da vida para aquele que o recebe" (El Kalaa). Trata-se, com efeito, da ocasião de se sentir existir plenamente como homem, de provar aos outros e a si mesmo sua qualidade de homem (*thiruzga*). "O homem realizado" (*argaz alkamel*) deve permanecer o tempo inteiro em estado de alerta, pronto a enfrentar

---

4   O bigode, empregado como termo descritivo para situar a idade ("sua barba está crescendo", "seu bigode está crescendo"), é um símbolo de virilidade, componente essencial do *nif*; o mesmo ocorre com a barba, sobretudo no passado. Para falar de um ultraje profundo, diziam: "Fulano raspou minha barba (ou meu bigode)."

5   Chapéu tradicional masculino usado por vários povos islamizados. Trata-se basicamente de um gorro cilíndrico em forma de barrete, muito comum na Tunísia. (N. da T.)

o menor desafio. Ele é o guardião da honra (*amḥajar*), aquele que zela por sua própria honra e pela honra do seu grupo.

Segundo corolário: aquele que desafia um homem incapaz de encarar o desafio, isto é, incapaz de prosseguir com a troca iniciada, desonra-se a si mesmo. É assim que *elbahadla*, humilhação extrema infligida publicamente, diante dos outros, apresenta sempre o risco de recair sobre quem a provoca, sobre o *amahbul* que não sabe respeitar as regras do jogo da honra: mesmo aquele que merece *elbahadla* tem uma honra (*nif* e *ḥurma*); é por isso que, além de um certo limite, *elbahadla* recai sobre aquele que a infligi. Além disso, na maioria das vezes, deve-se tomar cuidado para não lançar *elbahadla* em qualquer um a fim de deixá-lo cobrir-se de vergonha por sua própria conduta. Nesse caso, a desonra é irremediável. Dizem: *ibahdal imanis* ou *itsbahdil simanis* – "ele desonrou a si mesmo" (Aghbala). Consequentemente, aquele que se encontra em uma posição favorável deve evitar ir longe demais com sua vantagem e colocar uma certa moderação em sua acusação: "Melhor que ele se dispa sozinho do que eu o desnude", diz o provérbio (Djemaa--Saharidj). Por sua vez, seu adversário sempre pode tentar reverter a situação, forçando aquele que se encontra na posição mais favorável a ultrapassar os limites permitidos, ao mesmo tempo que pede desculpas. Isso, como vimos no segundo relato, é feito a fim de ganhar a opinião pública, que não pode deixar de desaprovar os excessos do acusador.

Terceiro corolário (proposição recíproca do corolário anterior): só um desafio (ou uma ofensa) lançado por um homem de igual honra merece ser levado em conta: em outras palavras, para que haja desafio, é preciso que aquele que o recebe estime que aquele que o lança seja digno de lançá-lo. A afronta vinda de um indivíduo inferior em honra recai sobre o presunçoso. "O homem prudente e avisado, *amaḥdhuq*, não se acomete contra *amahbul*." A sabedoria cabila ensina: "Pegue de *amaḥdhuq* e dê a *amahbul*." (*Azerou n-chmini*). *Elbahadla* recairia sobre o homem sábio que se aventurasse em levar adiante o desafio insensato de *amah-bul*; enquanto se abstém em responder, o homem sábio o deixa carregar todo o peso de seus atos arbitrários. Do mesmo modo, a desonra recairia sobre aquele que suja as mãos em uma desforra indigna: daí acontecia que os cabilas recorriam a assassinos contratados (*amekri*, plural *imekryen*, literalmente: aquele cujos serviços são contratados). É portanto a natureza da resposta que confere ao desafio (ou à ofensa) seu sentido e mesmo a sua qualidade de desafio ou de ofensa, por contraste à simples agressão.

Os cabilas tinham, em relação aos negros, uma atitude que ilustra perfeitamente essas análises. Aquele que tivesse respondido aos insultos de um negro, tido como homem de condição inferior e desprovido de honra, ou tivesse lutado com ele, teria desonrado a si próprio[6]. Conforme uma tradição popular de Djurdjura, houve um dia em que, durante uma guerra entre duas tribos, uma delas colocou negros na frente de batalha contra seus adversários, que então depuseram suas armas. Contudo, os vencidos mantiveram sua honra a salvo, enquanto os vencedores ficaram desonrados com sua vitória. Também dizem por vezes que, para escapar da vingança de sangue (*thamgarṭ*, plural *thimagraṭ*), bastava antigamente agregar-se a uma família de negros. Porém essa conduta era considerada tão infamante que ninguém aceitaria pagar esse preço a fim de salvar a vida. No entanto,

6   De um homem que pouco se preocupa com sua honra, dizem: "É um negro." Para os cabila, os negros não têm, nem têm que ter, honra. Eles foram afastados dos assuntos públicos; se podiam participar de alguns trabalhos coletivos, não tinham o direito de tomar a palavra em reuniões da assembleia; em alguns lugares, eram até mesmo proibidos de assistir ou participar delas. Teria sido vergonhoso aos olhos de outras tribos ouvir as opiniões de um "negro". Mantidos longe da comunidade ou então como clientes de grandes famílias, exerciam profissões consideradas vis, tais como açougueiro, comerciante de peles, músico ambulante. (Aït Hichem)

esse seria o caso, de acordo com uma tradição local, dos açougueiros de Ighil ou Mechedal, os Ath Chabane, negros que tinham por ancestral um cabila que, para escapar da vingança, se teria feito açougueiro e cujos descendentes só poderiam se unir, a partir daí, a negros. (Aït Hichem)

As regras da honra também regiam os combates. A solidariedade impunha a todo indivíduo proteger um parente contra um não parente, um aliado contra um homem de outro "partido" (ṣuf), um habitante da aldeia, ainda que de um partido adversário, contra um estranho à aldeia, um membro da tribo contra um membro de outra tribo. Mas a honra proíbe, sob pena de infâmia, o combate de vários contra um só; então empenhavam-se, por meio de mil pretextos e artifícios, em renovar a querela a fim de poder retomá-la por conta própria. Assim, as menores querelas sempre ameaçavam ganhar maior extensão. As guerras entre os "partidos", essas ligas políticas e guerreiras que se mobilizavam a partir do momento que um incidente vinha a eclodir, a partir do instante em que a honra de todos era atingida na honra de um só, tomavam a forma de uma competição ordenada que, longe de ameaçar a ordem social, tendia, pelo contrário, a salvaguardá-la, permitindo ao espírito de competição, ao ponto de honra, ao *nif*[7], exprimir-se, contudo dentro das formas prescritas e institucionalizadas. Ocorria a mesma coisa nas guerras entre tribos. Por vezes, o combate tomava a forma de um verdadeiro ritual: trocavam injúrias, depois pancadas, e o combate parava com a chegada dos mediadores. Durante o combate, as mulheres encorajavam os homens com seus gritos e cantos que exaltavam a honra e a força da família. Não se procurava matar ou esmagar o adversário. Tratava-se de manifestar a superioridade, na maioria das vezes por meio de um ato simbólico: na

---

7   O *nif* é, em sentido próprio, o nariz e, em seguida, o ponto de honra, o amor-próprio; dizem ainda, no mesmo sentido, *thinzarin* (ou *anzaren*, segundo as regiões), plural de *thinzerth*, a narina, o nariz. Ver também a nota 11.

Grande Cabília, dizem que o combate cessava quando um dos dois campos se apoderava da viga mestra (*thigejdith*) e de uma laje tomada da *thajma 'th* do adversário. Por vezes, as coisas davam errado: seja porque um golpe infeliz resultava na morte de um combatente seja porque o "partido" mais forte ameaçava invadir as residências, último asilo da honra. Só então os sitiados pegavam suas armas de fogo, o que muitas vezes bastava para encerrar o combate. Os mediadores, marabutos e sábios da tribo, pediam aos agressores que se retirassem e estes iam-se sob a proteção da palavra empenhada, *la 'naya*[8]. Ninguém pensaria em causar-lhes dano; isso significaria quebrar *la 'naya*, falta supremamente desonrosa. (Djemaa-Saharidj) De acordo com um velho de Ath Mangellat (Grande Cabília), nas guerras de tribo, as grandes batalhas eram raras e só ocorriam após um conselho realizado pelos anciãos, que fixavam o dia da ação e o objetivo atribuído a cada aldeia. Cada um lutava por si, mas gritavam entre si conselhos e encorajamentos. De todas as aldeias dos arredores, as pessoas assistiam e davam suas opiniões sobre a audácia e a habilidade dos combatentes. Quando o partido mais forte ocupava posições de onde podia esmagar o adversário, ou então quando se apoderava de um símbolo manifesto de vitória, o combate se encerrava e cada tribo voltava para a sua terra. Por vezes ocorria que alguns combatentes eram feitos prisioneiros: colocados sob a proteção (*la 'naya*) daquele que os capturara, em geral eram bem tratados. Eles eram reenviados de volta para casa, ao fim do conflito, com uma *gandura* nova, o que significava tratar-se de um homem morto que retornava à aldeia com sua mortalha. O estado de guerra (*elfetna*) podia durar anos. De certo

8   Vê-se aqui a função social dos marabutos. Eles fornecem a saída, a "porta" (*thabburth*), como dizem os cabilas, e autorizam a pôr fim ao combate sem que a desonra e a vergonha recaiam sobre uma ou outra das partes. A sociedade, por um tipo de má-fé indispensável para assegurar a sua própria existência, fornece ao mesmo tempo os imperativos da honra e as vias oblíquas que permitem contorná-los sem violá-los, pelo menos aparentemente.

modo, a hostilidade era permanente; a tribo vencida aguardava sua revanche e, na primeira oportunidade, se apoderava dos rebanhos e pastores dos seus inimigos; ao menor incidente, durante o mercado semanal por exemplo, o combate recomeçava[9]. Em suma, nada mais difícil de distinguir, em tal universo, do que o estado de paz e o estado de guerra. Seladas e garantidas pela honra, as tréguas entre aldeias e tribos, assim como os pactos de proteção entre as famílias, vinham apenas pôr um termo provisório à guerra, o jogo mais sério já inventado pela honra. Se o interesse econômico podia fornecer a ocasião da guerra e se beneficiar com ela, o combate se parecia mais com uma competição institucionalizada e regulamentada do que a uma guerra que colocasse em jogo todos os meios disponíveis para obter uma vitória total, como testemunha o seguinte diálogo, narrado por um velho cabila:

"Um dia alguém disse a Mohand Ouqasi:
– Você vem à guerra?
– O que é que que se faz na guerra?
– Bem, assim que você ver um rumi, você atira nele.
– Como é que é?
– Como você queria que fosse?
– Achei que a gente devia discutir, depois nos xingarmos uns aos outros, e por fim entrarmos em briga!
– Nada disso; ele atira em nós e nós atiramos nele. É assim... E então, você vem?
– Não, eu quando não estou com raiva não sou capaz de atirar nas pessoas."[10]

---

9   Um velho da aldeia de Aïn Aghbel, na região de Collo, nos deu, durante o verão de 1959, uma descrição muito semelhante em todos os pontos.

10   "Souvenirs d'un vieux Kabyle" – "Lorsqu'on se battait en Kabylie", *Bulletin de l'enseignement des indigènes de l'Académie d'Alger*, jan.-déc. 1934, p. 12-13.

Mas o ponto de honra encontrava outras ocasiões para se manifestar: ele animava, por exemplo, as rivalidades entre aldeias que sustentavam ter a mesquita mais alta e mais bonita, as fontes mais bem equipadas e melhor protegidas dos olhares, as festas mais suntuosas, as ruas mais limpas e assim por diante. Todos os tipos de competições rituais e institucionalizadas também forneciam pretexto às disputas de honra, tal como o tiro ao alvo, que era praticado na ocasião de todos os acontecimentos felizes – nascimento de um menino, circuncisão ou casamento. Nos casamentos, a escolta composta por homens e mulheres, que era responsável por ir buscar a noiva em uma aldeia ou em uma tribo vizinha, tinha que vencer sucessivamente duas provas: a primeira reservada às mulheres, de duas ou seis "embaixadoras" reputadas por seu talento; a segunda destinada aos homens, de oito a vinte bons atiradores. As embaixadoras disputavam com as mulheres da família ou do vilarejo da noiva uma justa poética na qual elas deviam ter a última palavra: cabia à família da noiva escolher a natureza e a forma da prova, quer fosse enigma ou concurso de poesia. Os homens se enfrentavam no tiro ao alvo: na manhã do retorno da escolta, enquanto as mulheres preparavam a noiva e o pai recebia as felicitações, os homens do cortejo tinham que disparar balas até romper ovos frescos (às vezes pedras planas) instalados, a grande distância, num declive ou no tronco de uma árvore; em caso de fracasso, a guarda de honra do noivo regressava para casa coberta de vergonha, depois de ter passado por baixo da albarda de um burro e pago uma multa. Esses jogos tinham ainda uma função ritual, como testemunham, por um lado, o formalismo rigoroso do seu desenvolvimento e, por outro, as práticas mágicas às quais eles davam lugar[11].

11   Por meio de diversos procedimentos, as velhas feiticeiras encantavam os ovos a fim de que estes permanecessem "virgens". Para quebrar o encanto, perfurava-se os ovos com uma agulha (ver ▶

Se qualquer ofensa é um desafio, nem todo desafio, veremos, é ultraje e ofensa. A competição de honra pode se situar, com efeito, em uma lógica bem próxima daquela do jogo ou da aposta, lógica ritualizada e institucionalizada. O que está em jogo, então, é o ponto de honra, o *nif*, a vontade de superar o outro em um combate homem a homem. De acordo com a teoria dos jogos, o bom jogador é aquele que todas as vezes supõe que seu adversário saberá descobrir a melhor estratégia e que, em decorrência disso, regula seu jogo; da mesma forma, no jogo de honra, tanto o desafio como a resposta implicam que cada antagonista escolha jogar o jogo e respeitar as regras ao mesmo tempo que postula que seu adversário é capaz de fazer a mesma escolha.

O desafio propriamente dito, e também a ofensa, supõe, assim como a dádiva, a escolha de jogar um jogo determinado conforme certas regras. A dádiva é um desafio que honra aquele a quem se endereça, ao mesmo tempo que coloca à prova seu ponto de honra (*nif*); em decorrência disso, da mesma forma que aquele que ofende um homem incapaz de reagir desonra a si próprio, aquele que faz uma dádiva excessiva também se desonra, excluindo a possibilidade de uma contradádiva. O respeito à regra exige, nos dois casos, que seja dada uma chance de resposta, em suma, que o desafio seja razoável. Porém, na mesma linha, dádiva ou desafio constituem uma provocação e uma provocação à reação: "Ele lhe envergonhou", diziam, segundo Marcy, os berberes marroquinos a propósito da dádiva em forma de desafio (*tawsa*) que marcava as grandes ocasiões. Aquele que recebeu a dádiva ou sofreu a ofensa é apanhado

▷ Slimane Rahmani, Le Tir à la cible et le *nif* en Kabylie, *Revue africaine*, t. XCIII, primeiro e segundo trimestres 1949, p. 126-132). Na lógica do sistema ritual, a espingarda e o tiro (assim como a agulha) são associados à sexualidade viril. Tudo parece indicar que, como em muitas outras sociedades (ver, por exemplo, G. Bateson, *Naven*, Stanford: Stanford University Press, 1936, p. 163), o nariz (*nif*), símbolo da virilidade masculina, é também símbolo fálico.

na engrenagem da troca e deve adotar uma conduta que, o que quer que ele faça, será uma reação (mesmo que por defeito) à provocação constituída pelo ato inicial[12]. Ele pode escolher por prolongar a troca ou romper (ver o esquema a seguir). Se, obedecendo ao ponto de honra, ele opta pela troca, sua escolha é idêntica à escolha inicial do adversário; aceita jogar o jogo que pode continuar para sempre – com efeito, a resposta é por si um novo desafio. Contam assim que, no passado, mal a vingança se cumpria, a família inteira manifestava com regozijos o fim da desonra, *thuqdha an-t-sasa*, isto é, ao mesmo tempo o alívio do desconforto que se sentia no "fígado" por causa da ofensa e também a satisfação do desejo de ser vingado: os homens disparavam tiros, as mulheres gritavam "iu-iu", proclamando, dessa forma, que a vingança estava feita, a fim de que todos conseguissem ver como uma família de honra sabia restaurar prontamente seu prestígio e também para que a família inimiga não tivesse dúvida a respeito da origem do seu infortúnio. De que adianta a vingança se ela permanece anônima? Conserva-se em Djemaa-Saharidj a lembrança de uma *thamagarṭ* (vingança de sangue) que durou de 1931 até mais ou menos 1945, na tribo dos Ath Khellili (Ath Zellal).

---

12   G. Marcy, Les Vestiges de la parenté maternelle en droit coutumier berbère et le régime des successions touarègues, *Revue africaine*, n. 85, 1941, p. 187-211. Um dos paradoxos da comunicação é que ainda é preciso comunicar para informar a recusa em comunicar, e qualquer civilização dispõe de uma simbólica da não comunicação. Assim se dá essencialmente, entre os cabilas, no fato de virar as costas – em oposição ao fato de *fazer frente* (*qabel*), atitude própria do homem de honra –, de recusar a falar ("Eles não se falam – é como entre o gato e o rato"). Para expressar a agressão simbólica ou a provocação, se diz: "Eu mijo em você" (*a k bachegh*); "mijo no seu caminho". Daquele que não tem consideração pela honra de sua família, se diz: "Ele urina no pano (da sua roupa)". Dizem também, num sentido mais forte, *edfi*, sujar (literalmente, aplicar bosta de vaca nos brotos para protegê-los dos bichos). Entre as mulheres, o desafio ou a injúria são expressos pelo fato de "arregassar a saia" (*chemmer*).

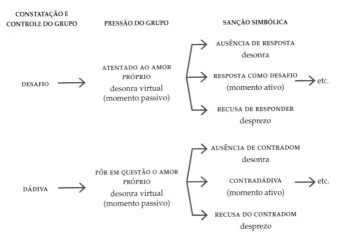

O caso começou desse jeito: dois irmãos mataram dois irmãos de outra família. Para fazer parecer que tinham sido atacados, um dos irmãos ferira o outro. Um deles foi condenado a oito anos de prisão e o outro a pouco menos. Quando o segundo foi libertado (o mais influente da família), ele voltava-se a cada passo, olhava de um lado pra outro sem parar, mantinha-se sempre alerta. Ele foi morto a tiros por um assassino profissional. Um terceiro irmão, que era militar, esmagou a cabeça de um membro da outra família com uma pedra. As duas famílias ameaçaram se exterminar mutuamente. Até então já havia oito vítimas (incluindo os quatro mencionados). Os marabutos foram feitos mandatários para tentar apaziguar o conflito. Eles já haviam esgotado as palavras de apaziguamento e o terceiro irmão, o militar, permanecia decidido a manter e prolongar a luta. Solicitou-se a mediação de um notável de uma tribo vizinha que fora chefe e que era unanimemente respeitado. Este foi encontrar o recalcitrante e deu-lhe um sermão. "Sua cabeça está no *delu* [funil que conduz o grão à mó], na próxima oportunidade, sua cabeça vai passar pela mó." O jovem teve como que uma crise: ofereceu a própria cabeça. Pediram-lhe para dizer solenemente que concordava em pôr fim ao extermínio. Pronunciaram a *fatiha*. Na presença de toda a aldeia reunida, um boi foi imolado. O jovem militar ofereceu dinheiro aos marabutos. E o cuscuz foi compartilhado e comido por todos. (Narrativa de um dos protagonistas.)

Observa-se que a intervenção do grupo se impõe quando subgrupos ficam ameaçados de desaparecer. Pelo fato de que a lógica do desafio e da resposta levaria ao prolongamento infinito do conflito, é importante, em todo caso, encontrar uma saída honrosa, que não lance nenhuma das duas partes em desonra, e que, sem pôr em questão os imperativos da honra, autorize, circunstancialmente, que seu exercício seja suspenso. A tarefa de conciliação cabia sempre ao grupo englobante ou a grupos "neutros", a estrangeiros ou a famílias marabúticas. Assim, enquanto a dissensão se situa no quadro da grande família, os sábios ditam a conduta e apazíguam o conflito. Por vezes, eles infligem uma multa ao indivíduo recalcitrante. Quando o conflito ocorre entre duas grandes famílias, as outras famílias do mesmo *adhrum* se esforçam para apaziguá-las. Em suma, a lógica da conciliação é a mesma que a lógica do conflito entre seções da linhagem cujo princípio primeiro se encontra contido no provérbio: "Odeio meu irmão, mas odeio aquele que o odeia." Quando um dos dois campos era de origem marabútica, eram marabutos estrangeiros que chegavam para convidar à paz. As guerras entre os dois "partidos" obedeciam à mesma lógica da vingança. Isso é compreensivo pelo fato de que ela nunca é, propriamente falando, individual, sendo o autor da vingança sempre encarregado pelo subgrupo do qual ele faz parte. Às vezes o conflito podia se prolongar por várias dezenas de anos. Um informante de Djemaa-Saharidj, com cerca de sessenta anos, narra:

Minha avó me *contava* que o ṣuf *ufella* (do alto) passou 22 anos longe de casa, no vale de Hamrawa. Aconteceu, com efeito, que o ṣuf ("partido") derrotado teve que retirar-se com suas mulheres e filhos. Em geral, a oposição entre os "partidos" era tão rígida e tão estrita que os casamentos eram impossíveis. Entretanto, por vezes, para selar a paz entre duas famílias ou dois "partidos" sancionava-se o fim do conflito por meio de um casamento entre duas famílias influentes. Não havia desonra nesse caso. Para selar a paz, depois de um conflito, os dois "partidos" se reuniam. Os chefes dos dois campos levavam um pouco de pólvora; colocavam-na em canas que eram trocadas. Era o *aman*, a paz.

A escolha do outro ramo da alternativa pode revestir-se de significados diferentes e até opostos. O ofensor pode, por sua força física, por causa do seu prestígio ou pela importância e autoridade do grupo ao qual pertence, ser superior, igual ou inferior ao ofendido. Se a lógica da honra supõe o reconhecimento de uma igualdade ideal em honra, nem por isso a consciência popular ignora as desigualdades de fato. Àquele que proclama: "Eu também tenho um bigode", o provérbio responde: "O bigode da lebre não é o do leão..." Também é possível observarmos o desenvolvimento de toda uma casuística espontânea, infinitamente sutil, que agora deve ser analisada. Veja-se o caso em que o ofendido tem, pelo menos idealmente, os meios de retrucar: se ele se mostra incapaz de enfrentar o desafio lançado (quer se trate de uma dádiva ou de uma ofensa), se, por pusilanimidade ou fraqueza, ele se esquiva e renuncia à possibilidade de responder, de certa forma escolhe causar a si mesmo sua própria desonra que é então irremediável (*ibahdal imanis* ou *simanis*). Ele admite sua derrota no jogo que deveria, apesar de tudo, ter jogado. Mas a não resposta pode exprimir também a recusa em ripostar: aquele que sofreu a ofensa recusa-se a tomá-la como tal e, por seu desdém, que ele pode manifestar apelando a um matador de aluguel, faz com que ela recaia sobre o seu autor que se vê assim desonrado[13]. Do mesmo modo, no caso da dádiva,

---

13   Ver a primeira narrativa, supra p. 164-165 "Uma família está perdida", diz-se, "se não contar com pelo menos um canalha." O homem ▸

aquele que recebe pode significar que escolhe recusar a troca seja rejeitando a dádiva, seja entregando de imediato ou a prazo uma contradádiva exatamente idêntica à dádiva. Aqui também a troca é interrompida. Em resumo, nessa lógica, somente a escalada, o aumento progressivo da intensidade da resposta dada à ofensa, o desafio respondendo o desafio, pode significar a escolha de jogar o jogo, segundo a regra do desafio e da resposta sempre renovados.

Consideremos agora o caso em que o ofensor prevalece indiscutivelmente sobre o ofendido. O código de honra e a opinião pública encarregada de fazê-lo respeitar tal código exigem apenas do ofendido que ele aceite jogar o jogo: fugir do desafio, tal é a única atitude condenável. Por outro lado, não é necessário que o ofendido triunfe sobre o ofensor para reabilitar-se aos olhos da opinião pública: não se repreende o vencido que cumpriu seu dever; na verdade, se ele for derrotado de acordo com a lei do combate, ele é vencedor conforme a lei da honra. Mais ainda, *elbahadla* recai sobre o ofensor que, além de tudo, saiu vitorioso do confronto, abusando, dessa forma, duplamente de sua superioridade. O ofendido também pode rejeitar *elbahadla* em seu ofensor sem recorrer à resposta. Para isso, basta a ele adotar uma atitude de humildade que, ao enfatizar sua fraqueza, salienta o caráter arbitrário, abusivo e desmesurado da ofensa. Ele evoca assim, mais inconsciente que conscientemente, o segundo corolário do princípio da igualdade em honra que estabelece que aquele que ofende um indivíduo incapaz de fazer face ao desafio se desonra a si mesmo[14]. Essa estratégia só é admissível, evidentemente, com a condição de que não haja nenhum equívoco aos olhos do grupo a respeito da

▷ de honra, não podendo condescender a enfrentar as injúrias de um indivíduo indigno e ainda assim não estando protegido de suas ofensas, sobretudo na aldeia, deve ser capaz de lançar um canalha contra outro canalha.

14 Ver a segunda narrativa, supra, p. 166-167.

disparidade entre os antagonistas; ela é normal em indivíduos que são reconhecidos pela sociedade como fracos, os clientes (*yadh itsumuthen*, aqueles que se apoiam em) ou os membros de uma pequena família (*iṭa 'fanen*, os magros, os fracos).

Vejamos, enfim, o caso em que o ofensor é inferior ao ofendido. Este último pode retrucar, transgredindo o terceiro corolário do princípio da igualdade em honra: mas se abusa de sua vantagem, ele se expõe a recolher para si mesmo a desonra que teria recaído normalmente sobre o ofensor inconsiderado e inconsciente, sobre o indivíduo desprezado (*amaḥ qur*) e presunçoso. A sabedoria lhe aconselha, antes de mais nada, o "golpe do desprezo"[15]. Ele deve, como se diz, "deixá-lo latir até que se canse" e "recusar rivalizar com ele". Com a ausência de resposta não podendo ser imputada à covardia ou à fraqueza, a desonra recai sobre o ofensor presunçoso.

Embora seja possível ilustrar cada um dos casos que foram examinados por meio de uma série de observações ou de relatos, o fato é que, comumente, as diferenças nunca ficam nitidamente definidas, de sorte que cada um pode jogar, perante a opinião pública julgadora e cúmplice, com as ambiguidades e equívocos da conduta: assim, sendo muitas vezes ínfima a distância entre a não resposta inspirada pelo medo e a recusa em responder em sinal de desprezo, o desdém pode sempre servir como uma máscara à pusilanimidade. Porém todo cabila é mestre em casuística, e o tribunal da opinião pública sempre pode decidir.

O motor da dialética da honra é portanto o *nif* que inclina à escolha da resposta. Mas de fato, além de a tradição

---

15 Se o conjunto das análises propostas neste estudo remetem continuamente o leitor ocidental à sua tradição cultural, não devemos, no entanto, minimizar as diferenças. É por isso que, salvo nos casos em que se impuseram, como aqui, nos demos por regra evitar sugerir aproximações com receio de incitar identificações etnocêntricas, baseadas em analogias superficiais.

cultural não oferecer nenhuma possibilidade de escapar ao código de honra, é no momento da escolha que a pressão do grupo se exerce com sua maior força: primeiro pressão dos membros da família, prontos a se substituírem ao faltoso, porque, assim como a terra, a honra é indivisa e a infâmia de um atinge todos os outros; pressão da comunidade clânica ou aldeã, pronta a reprovar e condenar a covardia ou a complacência. Quando um homem se encontra na obrigação de vingar uma ofensa, todos em torno dele evitam, com cuidado, lembrá-lo. Contudo cada um o observa a fim de tentar adivinhar suas intenções. Um mal-estar pesa sobre todos os seus até o dia em que, diante do conselho de família reunido a seu pedido ou a pedido do mais velho, ele expõe seus desígnios. Na maioria das vezes, lhe oferecem ajuda, seja dando dinheiro a ele para pagar um "assassino profissional", seja acompanhando-o se ele pretende vingar-se com suas próprias mãos. O costume determina que ele recuse esse apoio e solicite apenas que, em caso de fracasso, um outro prossiga sua tarefa interrompida. A honra exige efetivamente que, à semelhança dos dedos das mãos, todos os membros da família, se necessário, se empenhem sucessivamente, pelo grau de parentesco, no cumprimento da vingança. Quando o ofendido manifesta menos determinação e quando, sem renunciar publicamente à vingança, adia constantemente a sua execução, os membros de sua família começam a se preocupar; os mais sábios se reúnem e um deles torna-se responsável por lembrá-lo do seu dever, intimando-o e ordenando a ele que se vingue. Caso essa chamada à ordem permaneça sem efeito, vem a ameaça. Um outro cumprirá a vingança no lugar do ofendido, que se tornará desonrado aos olhos das pessoas e nem por isso deixará de ser considerado responsável pela família inimiga, portanto, ameaçado por sua vez pela *thamgart* (vingança de sangue). Compreendendo que se expõe às consequências conjuntas da covardia e da vingança, ele só pode condenar-se a si mesmo, como se diz, "às arrecuas", ou escolher o exílio[16] (*Aït Hichem*).

O sentimento de honra é vivido diante dos outros. O *nif* é antes de tudo o que leva a defender, a não importa qual preço, uma certa imagem de si destinada aos outros. O "homem de bem" (*argaz el 'ali*) deve estar constantemente em guarda; ele deve ficar atento às suas próprias palavras que, "semelhante à bala lançada pela espingarda, não retorna"; e tanto mais que cada um de seus atos e cada uma de suas palavras compromete todo o seu grupo. "Se os animais são pegos pelas patas, os homens são amarrados pela língua." O homem vil é, pelo contrário, aquele que dizem *ithatsu*, "tem o costume de esquecer". Ele esquece sua palavra (*awal*), isto é, seus compromissos, suas dívidas de honra, seus deveres. "Um homem de Ilmayen disse uma vez que gostaria de ter o pescoço tão longo quanto o do camelo; assim, suas palavras, partindo do coração, teriam um longo caminho a percorrer antes de chegar à língua, o que lhe daria tempo para pensar." Isso expressa toda importância concedida à palavra empenhada e à fé jurada. Diz o provérbio: "O homem de esquecimento não é um homem." Ele esquece e esquece de si mesmo (*ithatsu imanis*); diz-se ainda: "Ele come seu próprio bigode"; esquece seus ancestrais e o respeito que deve a si mesmo para ser digno deles (Les Issers).

---

16   O primo de um marido complacente (chamado *rhadi*, o que consente, ou *multa'lem*, aquele que sabe) dizia um dia a um outro: "Que é que você quer, quando você tem um irmão sem *nif*, você não pode colocar nele um *nif* de barro." E continuava: "Se meu primo fosse inválido, seria normal que eu o vingasse; se ele não tivesse dinheiro, seria aceitável que eu pagasse para vingá-lo. Mas ele se aperta, e não se importa com isso. Não sou eu quem vai a Caiena ou se arruinará por ele!" (*El Kalaa*) O medo da justiça francesa, o enfraquecimento do sentimento de solidariedade familial e o contágio de um outro sistema de valores levaram os cabilas a renunciar com muita frequência ao antigo código de honra. Na antiga sociedade, a honra era indivisa, como a terra da família. Em paralelo à tendência de romper a indivisão da propriedade da família, que se manifestou cada vez com mais força, desenvolveu-se o sentimento de que a defesa da honra é uma questão estritamente individual.

O homem desprovido de respeito por si (*mabla el' ardh, mabla laḥay, mabla erya, mabla elḥachma*) é aquele que deixa transparecer seu eu íntimo, com suas afecções e fraquezas. O homem sábio, pelo contrário, é aquele que sabe guardar segredo, que comprova, a cada instante, prudência e discrição (*amesrur, amaharuz nessar*, que guarda segredo com zelo). A vigilância perpétua de si é indispensável para obedecer a esse preceito fundamental da moral social que proíbe alguém de se singularizar, que pede para se abolir, tanto quanto possível, a personalidade profunda, em sua unicidade e em sua particularidade, sob um véu de pudor e de discrição. "Só o diabo [*Chiṭan*] é que diz eu"; "só o diabo começa por si mesmo"; "a assembleia [*thajma'th*] é a assembleia; só o judeu está sozinho". Em todos esses ditos se exprime o mesmo imperativo, aquele que impõe a negação do eu íntimo e que se realiza tanto na abnegação da solidariedade e da ajuda mutua quanto na discrição e no pudor do decoro. Por contraste àquele que, incapaz de se mostrar à altura de si mesmo, manifesta impaciência e raiva, fala a torto e a direito ou ri de modo inconsiderado, cai na precipitação ou na agitação desordenada, se apressa sem pensar, se debate, grita, vocifera (*elḥamaq*), em suma, se entrega ao primeiro impulso, tem falta de fidelidade a si, falha na imagem de dignidade, de distinção e de pudor, virtudes contidas todas em uma palavra, *elḥachma*, o homem de honra é definido essencialmente pela fidelidade a si, pela preocupação em ser digno de uma certa imagem ideal de si. Ponderado, prudente, contido em sua linguagem, sempre pesa os prós e os contras (*amiyaz* por oposição a *aferfer*, aquele que esvoaça, o homem ligeiro, ou a *acheṭṭah*, aquele que dança), empenha francamente sua palavra e não foge às responsabilidades por meio de um *wissen*, "talvez", "quem sabe?", resposta que convém às mulheres e somente às mulheres. Ele é aquele que mantém palavra e mantém palavra a si mesmo, aquele de quem se diz "é um homem e uma palavra" (*argaz, d'wawal*; El Kalaa). O ponto de honra é o fundamento da moral próprio a um indivíduo que se percebe sempre sob o olhar dos outros, que tem necessidade dos outros para existir, porque a imagem que ele forma de si mesmo não pode ser distinta da imagem de si que lhe é devolvida pelos outros. "O homem [é homem] por intermédio dos homens; [só] Deus", diz o provérbio, "[é Deus] por meio dele mesmo." (*Argaz sirgazen, Rabbi imanis*) O homem de honra (*a'ardhi*) é ao mesmo tempo o homem virtuoso e o homem de boa reputação. A respeitabilidade, o contrário da vergonha, é definida essencialmente pela sua dimensão social, deve portanto ser conquistada e defendida perante todos; audácia e generosidade (*elḥanna*) são valores supremos, enquanto o mal reside na fraqueza e na pusila-nimidade, no fato de sofrer a ofensa sem exigir reparação.

Assim, é essencialmente a pressão da opinião que funda a dinâmica das trocas de honra. Aquele que renuncia à vin-gança deixa de existir para os outros. É por isso que o homem mais desprovido de "coração" (*ul*) tem sempre o suficiente, por pouco que seja, de *hachma* (vergonha, pudor) para se vin-gar. As fórmulas empregadas para expressar a desonra são significativas: "Como poderei me apresentar diante [*qabel*] das pessoas?"; "Não poderei mais abrir a boca diante das pessoas."; "A terra não me engolirá!"; "Minhas roupas escor-regaram do meu corpo." O medo da reprovação coletiva e da vergonha (*el'ar, lahya, el'ib ula yer medden*), avesso negativo do ponto de honra, é de natureza a determinar o homem mais desprovido de ponto de honra a se conformar, constrangido e forçado, aos imperativos da honra[17]. Em grupos de inter-conhecimento tal como a aldeia cabila, o controle da opinião pública se exerce a todo instante: "Dizer que os campos estão vazios [desertos], significa a própria pessoa estar vazia de bom senso." Encerrado nesse microcosmo fechado onde todo mundo conhece todo mundo, condenado sem saída

---

17 De um homem que demora a cumprir um dever, diz-se em Bearne: é extremamente necessário que ele o faça "por vergonha ou por honra"; dito de outra forma, o medo da vergonha irá lhe impor aquilo que o senso de honra não consegue lhe inspirar.

nem recursos a viver com os outros, sob o olhar dos outros, cada indivíduo experimenta uma ansiedade profunda concernente à "palavra das pessoas" (*awal medden*), "pesada, cruel, inexorável" (Les Issers). É a opinião pública toda-poderosa quem decide a realidade e gravidade da ofensa; é ela que, de modo soberano, exige a reparação. Por exemplo, o ladrão que entra em uma casa habitada, diferente daquele que se apodera de cereais ou de animais deixados do lado de fora, se expõe à vingança de sangue; e isso porque as pessoas estarão prontas a insinuar que a honra das mulheres não foi respeitada. Assim, a atenção fascinada ao comportamento de outrem ao mesmo tempo que a obsessão do seu julgamento tornam inconcebível ou desprezível toda tentativa de se livrar dos imperativos da honra.

Envolvendo qualquer troca um desafio mais ou menos dissimulado, a lógica do desafio e da resposta é apenas o limite para o qual tende qualquer ato de comunicação e, em particular, a troca de dons[18]. Mas à tentação de desafiar e de ter a última palavra, faz contrapeso a necessidade de comunicar. Colocar o outro em uma prova difícil demais, significa correr o risco de ver a troca interrompida. Também a comunicação se exerce no compromisso entre o contrato e o conflito. A troca generosa tende para o assalto de generosidade; a maior dádiva é, ao mesmo tempo, a mais adequada para lançar em desonra aquele que a recebe, impedindo-lhe qualquer contradádiva. Assim, a *tawsa*, dádiva feita pelos convidados na ocasião de grandes festas familiares e publicamente proclamada, muitas vezes dá lugar a competições de honra e a escaladas progressivas de disputa ruinosas.

18   Reduzir à sua função de comunicação – quer seja apenas pela transferência de esquemas e conceitos emprestados da linguística ou da teoria da comunicação – fenômenos tais como a dialética do desafio e da resposta e, mais geralmente, a troca de dádivas, de palavras ou de mulheres seria ignorar a ambivalência estrutural que os predispõe a preencher uma função política de dominação no e pelo cumprimento da função de comunicação.

Para evitar que isso ocorra, algumas vezes entram em acordo e estipula-se uma quantia máxima limite de dádivas. Da mesma forma, durante casamentos ou circuncisões, as famílias aplicam um ponto de honra ao dar festas tão suntuosas quanto possível, correndo o risco de se arruinar. Isso acontece particularmente quando uma jovem se casa fora de sua aldeia. A emulação ocorre até mesmo entre membros de uma mesma família, por exemplo, entre as mulheres (cunhadas, mãe), durante o casamento de uma garota. Relataram-me que, em 1938, um homem da tribo dos Ath Waghlis gastou em dádivas, à ocasião do primeiro parto de sua filha, mais de três mil francos, isto é, 1400 ovos, quinze galinhas, trezentos francos de carne de carneiro, vinte quilos de carne salgada, vinte quilos de gordura, azeite, café, semolina, 25 trajes etc. Outro homem da mesma tribo vendeu, para fazer honra à sua filha na mesma circunstância, o último campo que lhe restava. Mas geralmente há um acordo para se denunciar "o ponto de honra do diabo", *nif nechitan*, ou o ponto de honra estúpido (*thihuzzith*), que conduz a se irritar ou a se ofender por nada, a aplicar sua honra em futilidades e a se deixar levar por escaladas de competição ruinosas. "Ninguém se livra da vergonha", diz-se, "se nisso se perder", se se arruinar em nome da vanglória (*urits-sathxi xad galmadharas*). Porém, se, porque põe em jogo o ponto de honra, a troca sempre carrega em si mesma a virtualidade do conflito, o conflito de honra permanece ainda troca, como o testemunha a distinção bastante nítida que se faz entre o estrangeiro e o inimigo. Pelo fato de estar inclinado a sacrificar a vontade de se comunicar com outrem em nome da vontade de dominá-lo, o ponto de honra carrega sempre consigo o risco da ruptura; contudo, ao mesmo tempo, é ele que se compromete a continuar a troca com o propósito de ter a última palavra.

Se a ofensa não traz com ela, necessariamente, a desonra, é porque ela deixa a possibilidade de resposta, possibilidade afirmada e reconhecida pelo próprio ato de ofender. Mas a desonra que permanece virtual enquanto existe a possibilidade de resposta torna-se cada vez mais real à medida que a vingança tarda. Assim, a honra exige que o tempo que separa a ofensa da reparação seja tão breve quanto possível: uma grande família tem, com efeito, braços e coragem suficiente para não tolerar uma grande espera; conhecida por seu *nif*, por sua suscetibilidade e sua resolução, ela até está protegida da ofensa, uma vez que, pela ameaça que faz pesar constantemente sobre eventuais agressores, ela parece capaz de associar, no mesmo instante, a resposta à ofensa. Para exprimir o respeito que uma boa família inspira, dizem que ela pode "dormir e deixar a porta aberta", ou ainda "que suas mulheres podem passear sozinhas, com uma coroa de ouro sobre suas cabeças, sem que ninguém pense em atacá-las". O homem de honra, aquele de quem se diz que cumpre "seu papel de homem" (*thirugza*), está sempre em alerta; por conseguinte, está sempre protegido do ataque mais imponderável e "mesmo quando ele está ausente, há alguém em sua casa" (El Kalaa). Mas nada é tão simples. Por isso, contam que Djeha, personagem lendária, respondeu a alguém que lhe perguntava o tempo que ele levou para vingar seu pai: "Ao fim de cem anos." E contam também a história do leão que sempre avança a passos medidos: "Não sei onde está minha presa", ele diz. "Se ela está à minha frente, um belo dia a alcançarei. Se ela estiver atrás de mim, irá me alcançar." Embora qualquer questão de honra, considerada de fora e como *fato consumado*, isto é, do ponto de vista do observador estrangeiro, se apresenta como uma sequência regulamentada e rigorosamente necessária de atos obrigatórios e que pode portanto ser descrita como um ritual, resta que cada um dos seus momentos, cuja necessidade se revela *post festum*, é, objetivamente, o resultado de uma escolha e a expressão de uma estratégia. O que é chamado de sentimento de honra não é outra coisa senão a disposição cultivada, o *habitus*, que permite a cada agente gerar, a partir de um pequeno número de princípios implícitos, todas as condutas conforme as regras da lógica do desafio e da resposta, e somente essas condutas, graças a outras tantas invenções que o desenrolar estereotipado de um ritual de modo algum exigiria. Em outros termos, se não há nenhuma escolha para a qual não se possa explicar as causas ao menos retrospectivamente, isso não significa que cada conduta seja perfeitamente previsível, à maneira dos atos inseridos nas sequências rigorosamente estereotipadas de um rito. Isso vale não apenas para o observador, mas também para os agentes que encontram na imprevisibilidade relativa das respostas possíveis a ocasião de pôr em prática suas estratégias. Na verdade, mesmo as mais ritualizadas das trocas, em que todos os momentos da ação e seu desenrolar estão rigorosamente previstos, permitem um confronto de estratégias, na medida em que os agentes permanecem mestres do *intervalo* entre os momentos obrigatórios e podem, portanto, agir sobre o adversário jogando com o tempo da troca. Sabemos que o fato de retribuir uma dádiva imediatamente, ou seja, abolir o intervalo, equivale a romper a troca. É preciso, do mesmo jeito, levar a sério o ensinamento contido nas parábolas do leão e de Djeha: a mestria perfeita dos *modelos da maneira de obedecer aos modelos* que define a excelência se exprime no jogo pelo tempo que transforma a troca ritualizada em confronto de estratégias. Assim, sabemos que, na ocasião do matrimônio, o chefe da família a quem se pede a mão de uma jovem deve responder imediatamente no caso de recusa, mas, por outro lado, ele quase sempre retarda sua resposta quando tem a intenção de aceitar; agindo dessa forma, ele oferece a si mesmo os meios de perpetuar o maior tempo possível a vantagem conjuntural (ligada à sua posição de solicitado) que pode coexistir com uma inferioridade estrutural (sendo com frequência a família solicitada de um nível inferior àquela que pede) e que se traduz concretamente pelo desequilíbrio inicial, progressivamente invertido, nas dádivas trocadas entre as duas famílias. Do mesmo modo, o estrategista astuto pode fazer de um capital de provocações recebidas ou de conflitos suspensos, e da virtualidade de vingança, de respostas ou de conflitos que ele contém, um instrumento de poder, ao reservar para si a iniciativa da retomada e até mesmo da cessação das hostilidades.

PONTO DE HONRA E HONRA: *NIF* E *ḤURMA*

Se determinadas famílias e certos indivíduos estão protegidos da ofensa enquanto agressão intencional contra a honra, não há ninguém que não possa sofrer um ultraje enquanto atentado involuntário contra a honra. Mas o simples desafio lançado ao ponto de honra (*thirzi nennif*, o fato de desafiar; *sennif*, pelo *nif*, "atreva-se!", "eu te desafio!") não é a ofensa que atenta contra a honra (*thuksa nesser*, *thuksa laqdhar* ou *thirzi laqdhar*, o fato de retirar ou faltar com o respeito, *thirzi el ḥurma*, o fato de lançar na desonra). Torna-se motivo de zombaria a atitude do novo-rico ignorante das regras da honra que, para tentar reparar uma violação à *ḥurma*, riposta desafiando o ofensor a vencê-lo em uma corrida ou a espalhar no chão mais notas de mil francos que ele. Isso, de fato, significa confundir duas ordens absolutamente estranhas uma à outra, a ordem do desafio e a ordem da ofensa em que se encontram envolvidos os valores mais sagrados e que se organiza conforme as categorias mais fundamentais da cultura, aquelas que ordenam o sistema mítico-ritual.

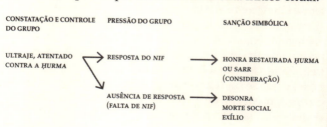

A honra, aquilo que faz com que o grupo se exponha, se opõe ao ponto de honra, aquilo que faz com que o grupo possa responder ao ultraje. É estabelecida uma diferença clara entre o *nif*, o ponto de honra, e a *ḥurma*, a honra, o conjunto daquilo que é *ḥaram*, isto é, interdito, em suma, o sagrado. Portanto, o que torna o grupo vulnerável é aquilo que ele possui de mais sagrado. Enquanto o desafio atinge apenas o ponto de honra, o ultraje é violação de interditos, sacrilégio. Assim, o atentado contra a *ḥurma* exclui os arranjos, acordos ou as evasões. De modo geral, recusa-se ferozmente a *diya*, compensação paga pela família do assassino à família da vítima. Daquele que aceita tal compensação, dizem: "Trata-se de um homem que aceitou alimentar-se do sangue do seu próprio irmão; para ele, só a barriga é que conta" (Ain Aghbel). A *diya* só é recebida nos casos exteriores à *ḥurma*. Por consequência, é pelo rigor com a qual ela se impõe que a engrenagem do ultraje e da vingança difere da dialética do desafio e da resposta. A opinião pública decide soberanamente, a título de testemunha e de juiz, sobre a gravidade da ofensa e sobre a vingança apropriada. No caso de um atentado contra a *ḥurma*, ainda que cometido indiretamente ou por descuido[19], a pressão da opinião pública é tal que qualquer outro resultado diferente da vingança se encontra excluído; como alternativa, tudo o que resta ao covarde desprovido de *nif* é a desonra e o exílio. Se a *ḥurma* é definida como podendo ser perdida ou quebrada (*thuksa elḥurma, thirzi elḥurma*, o fato de retirar ou romper a *ḥurma*), em suma, como desonra virtual, o *nif*,

---

19 Sendo a *ḥurma* sob certo aspecto identificável ao *ḥaram*, ao sagrado objetivo, pode ser violada por descuido. Vimos, por exemplo, que o roubo em uma casa era particularmente grave e exigia vingança porque constituía um atentado contra a *ḥurma*; o roubo ou a fraude no mercado constituem somente um desafio e um atentado contra o amor-próprio daquele que é vítima nesse caso. A aldeia também tem sua *ḥurma*, que pode ser violada quando, por exemplo, um estrangeiro vem nela causar escândalo.

sem colocar a *ḥurma* sob a proteção de qualquer atentado contra ela, permite restaurá-la em sua integridade. Dessa forma, a integridade da *ḥurma* é função da integridade do *nif*; só a vigilância minuciosa e ativa do *ponto de honra (nif)* é capaz de garantir a integridade da *honra (ḥurma)* – exposta por natureza, enquanto sagrada, ao ultraje sacrílego – e de obter *a consideração e a respeitabilidade* conferidas pela sociedade àquele que tem ponto de honra suficiente para manter sua honra protegida contra a ofensa.

A honra no sentido de consideração se diz *sar*: *essar* é o segredo, o prestígio, o brilho, a "glória", a "presença". Diz-se de alguém que "*essar* o segue e brilha em torno dele", ou ainda que uma pessoa está protegida pela "barreira de *essar*" (*zarb nessar*): *essar* coloca aquele que o detém ao abrigo contra o desafio e paralisa o eventual ofensor por meio de sua influência misteriosa, pelo medo (*alhiba*) que ele inspira. Causar vergonha em alguém significa "retirar-lhe *essar*" (dizem também "retirar-lhe *laḥya*, o respeito"): *essar*, esse não-sei-o-que que constitui o homem de honra, é tão frágil e vulnerável quanto imponderável. "O albornoz de *essar*", dizem os cabilas, "não está amarrado; mal está colocado"[20] (Azerou n-chmini).

A *ḥurma* no sentido de sagrado (*ḥaram*), o *nif* e a *ḥurma* no sentido de respeitabilidade são inseparáveis. É assim que quanto mais uma família é vulnerável, mais ela deve ter *nif* para defender seus valores sagrados e maiores são o mérito e a consideração que a opinião pública lhe atribui. Por aí se compreende que longe de contradizer ou de proibir a respeitabilidade, a pobreza não faz mais que redobrar o mérito daquele que, embora esteja particularmente exposto ao ultraje, consegue, apesar de tudo, impor

---

20 Ou ainda: "*Essar* é uma semente de nabo." A semente de nabo, minúscula e redonda, é extremamente lábil. *Essar* designa também a graça de uma mulher ou de uma jovem moça.

respeito[21]. Reciprocamente, o ponto de honra só tem significado e função para um homem para o qual existem coisas sagradas, coisas que merecem ser defendidas. Um ser desprovido de sagrado poderia se dispensar do ponto de honra porque de certo modo ele seria invulnerável[22]. Em suma, se o sagrado (ḥurma-ḥaram) só existe pelo sentido da honra (nif) que o defende, o sentimento da honra encontra sua razão de ser no sentido do sagrado.

Como se defini o sagrado (ḥurma-ḥaram) que a honra deve defender e proteger? A essa questão, a sabedoria cabila

21 Eis, segundo um velho cabila dos Aït'idel que o recolhera de seu pai, o retrato do homem de honra, retrato ponto por ponto idêntico àquele que me apresentou um membro da tribo dos Issers, o que nos leva a crer tratar-se de uma personagem mítica e exemplar cuja aventura a cada vez é situada em um ambiente familiar: "Era uma vez um homem que se chamava Belkacem ou Aïssa e que, a despeito de sua pobreza, era respeitado por sua sabedoria e virtude. Sua influência era exercida sobre várias tribos. Sempre que ocorria uma disputa ou um combate, ele servia de mediador e apaziguava o conflito. Os Ben Ali Chérif, grande família da região, tinham inveja de sua influência e do seu prestígio, tanto mais porque ele se recusava a lhes prestar homenagem. Um dia, os membros da tribo decidiram tentar reconciliá-los. Eles convidaram o mais velho dos Ben Ali Chérif, ao mesmo tempo que Belkacem ou Aïssa. Quando este último entrou, o velho, já sentado, lhe disse ironicamente: 'Como são belos seus *arkasen* (plural de *arkas*, sapatos rústicos de lavrador)!' Belkacem respondeu: 'O costume exige que os homens olhem os homens na cara, no rosto, e não nos pés. É o rosto, a honra do homem, que conta.' Aos estrangeiros que lhe perguntavam como ele havia adquirido sua influência na região, Belkacem respondia: 'Primeiro ganhei o respeito de minha mulher, em seguida, dos meus filhos, depois, dos meus irmãos e parentes, depois consegui o respeito do meu bairro, depois, da minha aldeia; o resto apenas seguiu esse movimento.'"

22 É nessa lógica que se compreende a reprovação que cerca o celibatário. Assim, à igualdade em honra corresponde um tipo de igualdade em vulnerabilidade que se exprime, por exemplo, na expressão empregada com frequência para chamar à ordem o pretensioso: "Sua mãe não vale mais que minha mãe" (não devendo essa fórmula irônica ser confundida com a injúria "minha mãe vale mais que sua mãe": eu te supero em tudo porque te supero até nesse ponto, quando na verdade todas as mulheres são iguais).

responde: "A casa, a mulher, as espingardas." A polaridade dos sexos, tão fortemente marcada nessa sociedade de filiação patrilinear, se exprime na bipartição do sistema de representações e de valores em dois princípios complementares e antagonistas. Aquilo que é *haram* (isto é, exatamente, tabu) é essencialmente o sagrado esquerdo, ou seja, o interior e, mais precisamente, o universo feminino, o mundo do segredo, o espaço fechado da casa, por oposição ao exterior, ao mundo aberto da praça pública (*thajma'th*), reservado aos homens. O sagrado direito são essencialmente "as espingardas", isto é, o grupo dos agnatos, dos "filhos dos tios paternos", todos aqueles cuja morte deve ser vingada pelo sangue e todos aqueles que têm que cumprir a vingança do sangue. A espingarda é a encarnação simbólica do *nif* do grupo agnático, do *nif* compreendido como aquilo que pode ser desafiado e como aquilo que permite enfrentar o desafio[23]. Desse modo, à passividade da *hurma*, de natureza feminina, se opõe a suscetibilidade ativa do *nif*, de natureza viril. Se a *hurma* se identifica ao sagrado esquerdo, ou seja, essencialmente ao feminino, o *nif* é a virtude viril por excelência.

A oposição entre o sagrado direito e o sagrado esquerdo – assim como a oposição entre o *haram* e o *nif* – não exclui, no entanto, a complementaridade. É de fato o respeito do sagrado direito, do nome e do renome da família agnática, que inspira a resposta a qualquer ofensa contra o sagrado esquerdo. A *hurma* não é apenas aquilo que tem preço, que é precioso, que é querido (*el'azz*), é também o que é mais precioso que o mais querido, o valor sagrado não se

---

23 Outrora, em certas regiões da Grande Cabília, a *thajma'th* (assembleia) obrigava os homens da tribo, sob pena de multa, a comprar uma espingarda com a finalidade de que eles pudessem defender a sua própria honra e a honra do grupo. Aquele que não procedia dessa forma, apesar da multa, era colocado no índex, desprezado por todos e considerado como "uma mulher".

confundindo com o valor afetivo. O dever de defender o sagrado se impõe como um imperativo categórico, quer se trate do sagrado direito, tal como um membro masculino do grupo, quer se trate do sagrado esquerdo, tal como a mulher, ser fraco, impuro e maléfico. O homem de honra cumpre a vingança e lava a afronta sofrida desprezando os sentimentos, recebendo por isso a total aprovação do grupo. Louva-se e cita-se a atitude exemplar do pai, um certo Sidi Cherif, chefe da grande família marabútica dos 'Amrawa, que matara sua filha culpada, e, utilizando-se Sidi como referência, se diz ainda de alguém: "Ele tem *nif* como Sidi Cherif." É o respeito do sagrado direito, isto é, da honra gentílica, que leva a vingar a ofensa feita ao sagrado esquerdo, à parte fraca pela qual o grupo fica exposto.

O *nif* é portanto a fidelidade à honra gentílica, à *ḥurma* no sentido de respeitabilidade e de consideração, ao nome dos ancestrais e ao renome ao qual está ligado, à linhagem que deve permanecer pura de qualquer contaminação, que deve ser mantida a salvo tanto da ofensa como da má aliança. Virtude cardeal, fundamento de todo sistema patrilinear, o *nif* é, na verdade, essencialmente o repeito da linhagem da qual se entende ser digno. Quanto mais os ancestrais se mostraram valorosos ou virtuosos, mais os descendentes têm razão de se orgulhar e mais devem, consequentemente, ser exigentes em relação à honra a fim de estarem à altura do seu valor e de sua virtude. Por conseguinte, o nascimento, não importa o quão importante seja, não confere necessariamente nobreza; esta também pode ser adquirida por virtude e mérito. A honorabilidade e a pureza da linhagem impõem deveres em vez de conceder privilégios. Aqueles que têm um nome, pessoas de boa estirpe (*ath la'radh*), não têm desculpas.

A oposição entre o *ḥaram* e o *nif*, entre o sagrado esquerdo e o sagrado direito, exprime-se em diferentes oposições proporcionais; oposição entre a mulher, carregada de forças maléficas e impuras, destrutivas e terríveis, e o homem, investido de virtudes benéficas, fecundas e protetoras; oposição entre a magia, assunto exclusivo das mulheres, oculto aos homens, e a religião, essencialmente masculina; oposição entre a sexualidade feminina, culpável e vergonhosa, e a virilidade, símbolo de força e de prestígio[24]. A oposição entre o dentro e o fora, modo de oposição entre o sagrado direito e o sagrado esquerdo, exprime-se concretamente na clara distinção entre o espaço feminino, a casa e seu jardim, lugar por excelência do *ḥaram*[25], espaço fechado, secreto, protegido, ao abrigo de intrusões e olhares, e o espaço masculino, a *thajma'th*, local da assembleia, a mesquita, o café, os campos ou o mercado[26]. De um lado, o segredo da intimidade, tudo velado de pudor, do outro, o espaço aberto das relações sociais, da vida política e religiosa; de um lado, a vida dos sentidos e dos sentimentos, do outro, a vida das relações homem a homem, do diálogo e

24   O liame que une o *nif* e a virilidade é particularmente manifesto em jogos rituais tais como o tiro ao alvo, que é praticado na ocasião do nascimento de um *menino*, da circuncisão e do casamento. (Ver nota 11.)

25   O limiar, ponto de encontro entre dois mundos antagônicos, é lugar de uma profusão de ritos e totalmente cercado por interdições. Em certas regiões da Cabília, só os parentes podem atravessá-lo. Em todo caso, não se pode transpô-lo sem que se seja solicitado. O visitante se anuncia com um grito (como no Sul da França) ou então tossindo ou ainda batendo os pés no chão. O costume exige, em certas regiões (El Kseur, Sidi Aïch), que o parente distante ou o parente por parte das mulheres (por exemplo, o irmão da esposa) que é introduzido pela primeira vez na casa entregue uma oferenda simbólica chamada "a visão" (*thizri*). A aldeia também é um espaço sagrado; nela só se pode entrar a pé.

26   Conta-se que outrora as mulheres iam sozinhas ao mercado: mas, de tão tagarelas que são, a compra se prolongava até a semana seguinte. Então um dia os homens desceram com paus e deram fim ao palavrório de suas mulheres... Vemos aqui que o "mito" "explica" a divisão atual do espaço e das tarefas ao invocar a "natureza ruim" das mulheres. Quando querem dizer que o mundo está de cabeça para baixo, dizem que "as mulheres vão ao mercado".

das trocas. Enquanto no mundo urbano, onde o espaço masculino e o espaço feminino interferem, a clausura e o véu asseguram a proteção da intimidade, na aldeia cabila, onde o uso do véu é tradicionalmente desconhecido[27], os dois espaços são nitidamente separados; o caminho que leva à fonte evita o domínio dos homens: na maioria das vezes, cada clã (*thakharrubth* ou *adhrum*) tem sua própria fonte, situada em seu bairro ou no domínio do seu bairro, de sorte que as mulheres podem chegar até ela sem correr o risco de serem vistas por um homem estrangeiro ao grupo (Aït Hichem); quando não é assim, a função que incumbe em outros lugares a uma oposição espacial é aqui confiada a um ritmo temporal e as mulheres vão à fonte em determinadas horas, ao cair da noite, por exemplo, e se um homem espioná-las, tal atitude é mal vista. A fonte é para as mulheres o que *thajma'th* é para os homens: é ali que elas trocam novidades e mantêm suas conversas, que se desenrolam essencialmente sobre todos os assuntos íntimos dos quais os homens não saberiam falar entre eles sem desonra e dos quais não são informados senão por intermédio delas. O espaço do homem é o fora, nos campos ou na assembleia, entre os homens: isso é algo que se ensina bem cedo aos jovens. Suspeita-se daquele que permanece muito em casa durante o dia. O homem respeitável deve se dar a ver, se mostrar, constantemente se colocar sob o olhar dos outros, encarar (*qabel*). Daí, esta fórmula que repetem as mulheres e pela qual elas dão a entender que o homem ignora muito do que se passa na casa: "Oh

---

27 Tradicionalmente, o uso do véu e a clausura (*laḥdjubia*) se impunham apenas no caso do xeique da mesquita da aldeia (ao qual a aldeia assegurava, entre outros serviços, o abastecimento de lenha e a manutenção de *thanayamts*, encarregadas do fornecimento de água), de algumas famílias marabúticas que não moram em um *azib* (isto é, em uma espécie de aldeia isolada) e de certos chefes de famílias importantes, que distinguem uma das mulheres da casa (geralmente a mais jovem de suas esposas) fazendo dela *thanaḥdjabth*.

homem, pobre infeliz, o dia inteiro nos campos como um burro no pasto!" (Aït Hichem) O principal imperativo é o velamento de todo o domínio da intimidade: as dissensões internas, os fracassos e as insuficiências não devem em caso algum ser exibidas diante de um estranho ao grupo. Tantas coletividades aninhadas quanto zonas de segredo concêntricas: a casa é a primeira ilha de segredo no seio do subclã ou do clã; este, por sua vez, fecha-se no interior da aldeia e ela própria guarda seu segredo do olhar de outras aldeias. Nessa lógica, é natural que a moral da mulher, situada no coração do mundo fechado, seja feita essencialmente de imperativos negativos.

> A mulher deve fidelidade ao seu marido; sua casa deve ser bem mantida; ela deve garantir a boa educação das crianças. Mas, sobretudo, deve preservar o segredo da intimidade familiar; nunca deve depreciar seu marido ou envergonhá-lo (mesmo que ela tenha todas as razões e todas as evidências para isso), nem na intimidade nem na presença de estranhos; isso o forçaria a repudiá-la. Ela tem que se mostrar satisfeita mesmo se, por exemplo, seu marido, muito pobre, não trouxer nada do mercado; não deve se envolver em discussões entre homens. Ela deve confiar em seu marido, abster-se de duvidar dele ou de procurar evidências contra ele." (El Kalaa).

Em suma, a mulher sendo sempre "a filha de fulano" ou "a esposa de sicrano", sua honra se reduz à honra do grupo dos agnatos ao qual ela está ligada. Portanto, ela deve assegurar que sua conduta não altere de forma alguma o prestígio e a reputação do grupo[28]. Ela é a guardiã de *essar*.

---

28 Tudo se passa como se a mulher fosse realmente incapaz de aumentar a honra dos agnatos, mas pudesse somente conservá-la intacta por meio de sua boa conduta e respeitabilidade ou perdê-la (*ekkes el'ardh*: tirar a reputação) por causa da sua conduta. Só o que pode aumentar a honra do grupo é a aliança, por meio do casamento, com parentes da mulher que sejam do sexo masculino.

O homem, por sua vez, deve acima de tudo proteger e esconder o segredo de sua casa e de sua intimidade. A intimidade é em primeiro lugar a esposa, que nunca é chamada dessa forma e nem pelo seu nome próprio, mas sempre por perífrases tais como "a filha de fulano", "a mãe dos meus filhos", ou ainda "minha casa". Em casa, o marido nunca se dirige à esposa na presença dos outros; ele a chama por meio de um sinal, de um grunhido ou pelo nome de sua filha mais velha, e não demonstra nenhum afeto por ela, sobretudo na presença do seu próprio pai ou do seu irmão mais velho. Pronunciar em público o nome de sua mulher seria uma desonra: conta-se com frequência que os homens que iam inscrever um bebê recém-nascido no registro civil recusavam obstinadamente fornecer o nome de sua esposa; do mesmo modo, jovens estudantes que entregavam sem dificuldade o nome do pai repugnavam fornecer o nome da mãe, sem dúvida temendo expor-se a injúrias (chamar alguém pelo nome de sua mãe significa acusá-lo de bastardia) e até mesmo a malefícios (sabe-se que, nas práticas de magia, é sempre o nome da mãe que é usado). O decoro exige que um homem nunca fale de sua mulher ou de sua irmã a outro homem; é que a mulher é uma dessas coisas vergonhosas (os árabes dizem *lamra'ara*, "a mulher é a vergonha") que só se nomeia pedindo desculpas e acrescentando *ḥachak*, "com todo o respeito". E é também que a mulher é para o homem a mais sagrada entre todas as coisas, como testemunham as expressões costumeiras nos juramentos: "Que minha mulher me seja ilícita" (*thaḥram ethmaṭṭuthiw*) ou ainda "que minha casa seja ilícita" (*iḥram ikhamiw* [se eu não fizer isso ou aquilo])!

ḤURMA – ḤARAM SAGRADO ESQUERDO	NIF SAGRADO DIREITO
Feminino, feminilidade	Masculino, virilidade
Mulher detentora de poderes maléficos e impuros	Homem detentor da força benéfica e protetora
Esquerda, torto	Direita, direito
Vulnerabilidade	Proteção
Nudez	Fechamento, vestimenta
DENTRO	FORA
Domínio das mulheres: casa, jardim	Domínio dos homens: assembleia, mesquita, campos, mercado
Mundo fechado e secreto da vida íntima: alimentação, sexualidade	Mundo aberto da vida pública, das atividades sociais e políticas, trocas
ÚMIDO, ÁGUA	SECO, FOGO
etc.	etc.

A intimidade é tudo o que se revela da natureza, é o corpo e todas as funções orgânicas, é o eu e seus sentimentos e afeições; outras tantas coisas que a honra ordena velar. Qualquer alusão a esses temas, e em particular à sua própria vida sexual, é não somente interdito mas quase inconcebível. Durante vários dias antes e depois do casamento, o rapaz se refugia em uma espécie de retiro a fim de evitar encontrar-se na presença do seu pai, o que causaria a ambos um constrangimento insuportável. Da mesma maneira, a jovem que atingiu a puberdade aperta o peito com força em um tipo de espartilho abotoado e forrado; além disso, na presença do seu pai e dos irmãos mais velhos, ela se mantém com os braços cruzados sobre os peitos[29]. Um homem não saberia falar de uma jovem ou de uma mulher estranha à

---

29 O tabu da nudez é absoluto, mesmo nas relações sexuais. Sabe-se, por outro lado, que a desonra é descrita como um colocar em estado de nudez ("ele me despiu, ele me arrancou as roupas, ele me desnudou").

família com seu pai ou com seu irmão mais velho; segue que, quando o pai quer consultar seu filho a propósito do seu casamento, ele recorre a um parente ou a um amigo que serve como intermediário. Evita-se entrar em um café onde já se encontra seu pai ou seu irmão mais velho (e vice-versa) e sobretudo escutar com eles um desses cantores ambulantes que recitam poemas licenciosos.

Do mesmo modo, não se deve falar de comida. Nunca se deseja a alguém bom apetite, mas somente saciedade. A polidez exige que o anfitrião rogue o tempo todo ao seu convidado para que volte a servir-se, enquanto este último deve comer tão discretamente quanto possível. Comer na rua é indecente e impudico. Quando se deseja almoçar no mercado, a pessoa se retira para um canto distante. Quando se carrega carne consigo, é preciso mantê-la escondida em uma bolsa ou sob o albornoz. Durante a própria refeição, a ênfase não é colocada no fato de se alimentar, mas sim no comer em comum, no compartilhar do pão e do sal, símbolo da aliança. Um extremo pudor também preside à expressão de sentimentos, sempre extremamente contida e reservada até mesmo no seio da família, entre marido e mulher, entre pais e filhos. A *ḥachma* (ou ainda *laḥya*), pudor que domina todas as relações, mesmo no interior da família, significa essencialmente proteção do *ḥaram*, do sagrado e do segredo (*essar*). Aquele que fala de si mesmo é incongruente ou fanfarrão; não sabe se submeter ao anonimato do grupo, preceito essencial de decoro que pede que se use o "nós" de polidez ou que se fale na forma impessoal, fazendo com que o contexto dê a entender que trata-se de um comentário sobre si.

Outros princípios correlativos de oposições fundamentais, são os que regem a divisão do trabalho entre os sexos, e, mais precisamente, a distribuição entre homens e mulheres de condutas tidas como honrosas e desonrosas. De modo geral, são julgadas desonrosas para um homem a maioria das tarefas incumbidas a uma mulher, em virtude da divisão mítico-ritual dos seres, das coisas e das ações. Os berberes do Chenoua não podem tocar nos ovos e nas galinhas na presença de pessoas estranhas à família. Eles são proibidos de transportá-los ao mercado a fim de vendê-los, uma tarefa exclusiva de crianças e mulheres. É ofensivo a um achenwi perguntar a ele se tem ovos para vender. Os homens podem degolar galinhas e comer ovos, mas somente em sua família[30]. Encontramos, mais ou menos alterados, os mesmos costumes em Cabília. Da mesma forma, a mulher pode montar um mulo, com seu marido segurando as rédeas; montar um asno é, ao contrário, vergonhoso. As garotas que desonravam sua família às vezes eram levadas em público para passear no lombo de um asno. Outro exemplo: é desonroso para um homem transportar esterco, tarefa reservada às mulheres. Do mesmo modo, o transporte de água em jarros, o transporte de lenha destinado ao aquecimento são tarefas que recaem sobre as mulheres. Todos esses imperativos da moral da honra que, tomados isoladamente, parecem arbitrários, revelam-se, pelo contrário, necessários se os situarmos novamente no conjunto do sistema mítico-ritual, baseado na oposição entre o masculino e o feminino, cujas oposições entre o sagrado direito e o sagrado esquerdo, entre o dentro e o fora, entre a água e o fogo, entre o úmido e o seco, constituem modalidades particulares.

O mesmo sistema de valores domina a primeira educação inteira. O menino, assim que recebe um nome, é considerado e deve considerar-se como um representante responsável do grupo. Contaram-me que, em uma aldeia da Grande Cabília, um garoto de dez anos, último membro do sexo masculino de sua família, comparecia a funerais

---

30 Ver Émile Laoust, *Étude sur le dialecte berbère du Chenoua comparé avec celui des Beni-Menacer et des Beni-Salah*, Paris: Leroux, 1912, p. 15.

mesmo nas aldeias mais longínquas e assistia às cerimônias entre os adultos (Tizi Hibel). Qualquer conduta dos adultos, todas as cerimônias e ritos de iniciação ou de passagem tendem a indicar ao menino a sua qualidade de homem e ao mesmo tempo mostram suas responsabilidades e deveres correlativos. As ações infantis são bem cedo avaliadas em função dos ideais de honra. A educação conferida pelo pai ou pelo tio por parte do pai tende a desenvolver na criança o *nif* e todas as virtudes viris que dele são solidárias: espírito de luta, audácia, vigor, resistência. Nessa educação dada pelos homens e destinada a fazer homens, a ênfase é colocada na linhagem paterna, nos valores que foram legados pelos ancestrais do sexo masculino e dos quais cada membro masculino do grupo deve ser o garante e defensor.

Sem dúvida descobrir-se-iam as mesma categorias mítico-rituais na base, senão da lógica das trocas matrimoniais, pelo menos da representação ideal que os agentes fazem dela. A precocidade do casamento se compreende se achamos que a mulher, de natureza má, deve ser colocada o mais cedo possível sob a proteção benéfica do homem. "A vergonha", dizem, "é a moça." (*al'ar thaqchichth*), e o genro é chamado *seṭṭar la'yub*, "o véu das vergonhas". Os árabes da Argélia às vezes chamam as mulheres de "as vacas de Satã" ou "as redes do demônio", o que significa que a iniciativa do mal pertence a elas. "A mais reta", diz um provérbio, "é retorcida como uma foice." Como um broto que pende para a esquerda, a mulher não consegue ficar reta, mas somente ser endireitada pela proteção benéfica do homem[31]. Sem pretender aqui apreender a lógica objetiva das trocas matrimoniais, pode-se observar, entretanto, que as normas que as regem e as racionalizações empregadas com mais

---

31 "A dignidade da filha", diz um provérbio árabe, "só existe quando ela está com seu pai."

frequência para justificar sua forma "ideal", o casamento com a prima paralela, formulam-se em uma linguagem estruturada segundo as categorias mítico-rituais. A preocupação em salvaguardar a pureza do sangue e de conservar inalterada a honra familiar é a razão mais frequentemente invocada para justificar o casamento com a prima paralela. De um rapaz que esposou sua prima paralela, diz-se "ele a protegeu", ele garantiu que o segredo da intimidade familiar ficasse a salvo. Aquele que se casa dentro de sua própria família está seguro, ouve-se com frequência, de que sua mulher se esforçará por salvaguardar a honra do seu marido, de que ela guardará segredo dos conflitos familiares e não irá se queixar aos seus pais. O casamento com um estranho é temido como uma intrusão; cria uma brecha na barreira de proteção com a qual se cerca a intimidade familiar: "Mais vale", dizem, "proteger seu *nif* que entregá-lo a outros."

O *ÉTHOS* DA HONRA

O sistema de valores da honra é atuado mais do que pensado, e a gramática da honra pode informar os atos sem ter de ser formulada. Assim, quando apreendem espontaneamente como desonroso ou ridículo essa ou aquela conduta, os cabilas encontram-se na situação daquele que assinala um erro de linguagem sem para tanto deter o conhecimento do sistema sintáxico que foi violado. Tendo em conta que as normas criam raízes no sistema de categorias da percepção mítica do mundo, nada é mais difícil e talvez mais vão do que tentar distinguir entre o domínio direta e claramente apreendido pela consciência e o domínio submerso no inconsciente. Para provar isso, basta um exemplo. Um homem de honra é aquele que encara (*qabel*), que enfrenta os outros olhando-os nos olhos; *qabel* também significa receber alguém como hóspede e recebê-lo bem, fazer-lhe as honras. Às vezes atribui-se à mesma raiz, por meio de uma etimologia popular, em todo caso significativa, a palavra *laqbayel* (masculino plural) que designa os cabilas[32]. *Thaqbaylith*, feminino do substantivo *aqbayli*, um cabila, designa a mulher cabila, a língua cabila e também, se assim se pode dizer, a quididade do cabila, o que faz com que o cabila seja cabila, o que ele não poderia deixar de ser sem deixar de ser cabila, isto é, a honra e o orgulho cabila. Mas *qabel* significa ainda estar voltado ao Leste (*elqibla*) e ao futuro (*qabel*). No sistema mítico-ritual cabila, o Leste mantém uma relação de homologia com o Alto, o Futuro, o Dia, o Masculino, o Bem, a Direita, o Seco etc., e se opõe ao Oeste e simultaneamente ao Baixo, ao Passado, à Noite, ao Feminino, ao Mal, à Esquerda, ao Úmido etc. Todos os informantes dando espontaneamente como caráter essencial do homem de honra o fato de que ele encara, *qabel*, vê-se que as normas explícitas do comportamento encontram e recobrem os princípios submersos do sistema mítico-ritual.

O *éthos* da honra se opõe, em seu próprio princípio, a uma moral universal e informal afirmando a igualdade de todos os homens em dignidade e, por conseguinte, a identidade dos direitos e deveres. Não só as regras impostas aos homens diferem das regras impostas às mulheres, e os deveres para com os homens dos deveres para com as mulheres, mas, além disso, os mandamentos da honra, diretamente aplicados ao caso particular e variáveis em função das situações, não são, de modo algum, universalizáveis. Trata-se do mesmo código que estabelece condutas opostas conforme o campo social: por um lado, as regras que regem as relações entre parentes e, mais amplamente, todas as relações sociais vivenciadas no

---

32 Ver André Picard, *Textes berbères dans le parler des Irjen: Kabylie, Algérie* (Alger: Typo-litho, 1961), que concorda com essa etimologia.

modelo de relações de parentesco ("Ajude os seus, estejam eles certos ou errados"), e, por outro lado, as regras válidas nas relações com estranhos. Essa dualidade de atitudes resulta logicamente do princípio fundamental, previamente estabelecido, segundo o qual as condutas de honra se impõem apenas àqueles que são dignos delas. O respeito às injunções do grupo encontra seu fundamento no respeito a si próprio, isto é, no sentimento da honra. Em vez de um tribunal, no sentido de organismo especializado, encarregado de pronunciar decisões conformes a um sistema de normas jurídicas racionais e explícitas, a assembleia do clã ou da aldeia é, de fato, um conselho de arbitragem ou mesmo um conselho de família. A opinião coletiva é a lei, o tribunal e o agente de execução da sanção. A *thajma'th*, onde todas as famílias estão representadas, encarna a opinião pública da qual ela experimenta ou exprime os sentimentos e valores, da qual ela administra toda a sua potência moral. A punição mais temida é ser posto no índex ou o banimento: aqueles que são atingidos por essas penas são excluídos da partilha coletiva da carne, da assembleia e de todas as atividades coletivas, em resumo, são condenados a uma espécie de morte simbólica. O *qanum*, compêndio de costumes próprios a cada aldeia, consiste essencialmente na enumeração de faltas particulares, seguidas da multa correspondente. É assim, por exemplo, que o *qanum* de Agouni-n-Tesellent, aldeia da tribo dos Ath Akbil, conta, em um conjunto de 245 artigos, 219 leis "repressivas" (no sentido de Durkheim), ou seja, 88%, contra 25 leis "restitutivas", ou seja, 10%, e só cinco artigos tocam nos fundamentos do sistema político. A regra consuetudinária, fruto de uma jurisprudência diretamente aplicada ao particular e não da aplicação de uma regra universal ao particular, preexiste à sua formulação; de fato, o fundamento da justiça não é um código formal, racional e explícito, mas o "senso" da honra e da equidade. O essencial permanece implícito porque indiscutido e indiscutível; o essencial, isto é, o conjunto de valores e de princípios que a comunidade afirma por meio de sua sua própria existência e que fundam os atos da jurisprudência. "O que a honra proíbe", dizia Montesquieu, "é ainda mais proibido quando as leis não o proíbem, o que é prescrito, é ainda mais exigido quando as leis não o exigem."

As relações econômicas também não são apreendidas e constituídas como tais, isto é, como regidas pela lei do interesse, e permanecem sempre como que dissimuladas sob o véu das relações de prestígio e de honra. Tudo se passa como se essa sociedade se recusasse a olhar de frente a realidade econômica, a apreendê-la como regida por leis diferentes daquelas que regulam as relações familiares. Daí, a ambiguidade estrutural de qualquer troca: joga-se sempre ao mesmo tempo no registro do interesse que não se confessa e da honra que se proclama. A lógica da dádiva não é um modo de superar ou dissimular os cálculos do interesse? Se a dádiva, assim como o crédito, envolve o dever de devolver mais, essa obrigação da honra, por mais imperativa que seja, permanece tácita e secreta. A contradádiva sendo *diferida*, a troca generosa, por oposição ao "toma lá da cá", não tende a velar a transação interessada que não ousa se mostrar no instante, desdobrando-a na sucessão temporal, e substituindo à série de dádivas seguidas de contradádivas uma série descontínua de dádivas aparentemente sem retorno? É preciso outro exemplo? É habitual que o vendedor, no fim de uma transação importante, tal como a venda de um boi, devolva ostensivamente ao comprador uma parte da soma que ele venha a receber "a fim de que este compre carne para os seus filhos". E o pai da esposa fazia a mesma coisa quando recebia o dote, no final, na maioria das vezes, de um "regateio" implacável (Aït Hichem). Quanto mais a parte devolvida era importante, mais honra dela era extraída, como se, ao coroar a transação com um gesto generoso, fosse entendido converter em troca de honra um regateio que só podia ser tão abertamente implacável porque a busca pela maximização do lucro material nele se dissimulava sob a disputa de honra e sob a busca da maximização do lucro simbólico[33].

33 É possível encontrar uma verificação dessa análise no fato de que a generalização das trocas monetárias e da atitude calculista que dela é correlativa faz parecer o "regateio-disputa de honra" a propósito do dote como vergonhoso e ridículo ao constituir a troca interessada como tal e ao destruir a ambiguidade estrutural da troca tradicional.

A CASA CABILA
OU O MUNDO INVERTIDO[1]

*O homem é a lâmpada de fora, a mulher
é a lâmpada de dentro.*

O interior da casa cabila tem a forma de um retângulo. Uma pequena parede com abertura a meia altura divide esse retângulo em duas partes, a um terço do seu comprimento: a maior, erguida em aproximadamente cinquenta centímetros e recoberta com uma camada de argila preta e de estrume de vaca que as mulheres lustram com um seixo, é reservada aos seres humanos; a menor, pavimentada com lajes, é ocupada por animais. Uma porta de duas folhas dá acesso aos dois cômodos. Sobre a mureta divisória, encontram-se dispostos, de um lado, pequenos jarros de barro ou cestos de fibra de alfa nos quais são conservadas as provisões destinadas ao consumo imediato – figos, farinhas, leguminosas –, do outro, próximo à porta, jarros de água.

---

1   Este texto foi publicado em *Échanges et Communications* (Trocas e Comunicações), coletânea dedicada a Claude Lévi-Strauss, La Haye: Mouton, 1969.

Acima do estábulo, há um sótão onde são armazenados, junto a utensílios de toda espécie, a palha e o feno destinados a alimentar os animais. E é lá também onde, na maioria das vezes, dormem as mulheres e as crianças, sobretudo no inverno[2]. Diante da construção feita em alvenaria, com nichos e buracos escavados, que está encostada à parede de oitão, chamada de parede (ou, mais exatamente, "lado") de cima ou do *kanun*, e que serve para o armazenamento de utensílios de cozinha (concha, panela, travessa para assar tortas e outros objetos de terracota escurecidos pelo fogo), e na qual em cada canto podemos localizar grandes jarros cheios de grãos, encontra-se a fornalha, cavidade circular de alguns centímetros de profundidade em seu centro, em torno da qual três grandes pedras destinadas a receber os utensílios de cozinha estão arranjadas em triângulo[3].

2 O lugar de dormir e das relações sexuais parece variar, mas apenas dentro da "parte escura" da casa: a família inteira pode dormir no sótão, ou somente as mulheres sem marido (viúvas, divorciadas etc.) e as crianças, sobretudo no inverno, ou junto à parede da escuridão, ou ainda o homem pode dormir na parte superior da parede de separação, a mulher dormindo na parte inferior, ao lado da porta, e indo juntar-se ao seu marido na escuridão.

3 Todas as descrições da casa berbere, mesmo as mais precisas e as mais metódicas (como a de R. Maunier, "Le Culte domestique en Kabylie" e "Les Rites de la construction en Kabylie", *Mélanges de sociologie nord-africaine*, Paris: Alcan, 1930, p. 120-177, ou as mais ricas em detalhes acerca da organização interior do espaço (como as de É. Laoust, *Mots et choses berbères*, Paris, 1920, p. 50-53, e *Étude sur le dialecte berbère du Chenoua*, p. 12-15, ou aquelas de H. Genevoix, *L'Habitation kabyle*, Fort National: Fichier de Documentation Berbère, 1955), apresentam, em sua extrema minúcia, lacunas sistemáticas, em particular no que concerne à localização e à orientação das coisas e das atividades, porque elas nunca apreendem os objetos e as ações como parte de um sistema simbólico. Só o postulado de que cada um dos fenômenos observados deriva sua necessidade e seu sentido de sua relação com todos os outros poderia conduzir a uma observação e a um questionamento capaz de suscitar, por meio de sua intenção sistemática, os fatos que escapam à observação desarmada e que os observadores não podem entregar espontaneamente porque lhes parecem óbvios. ▶

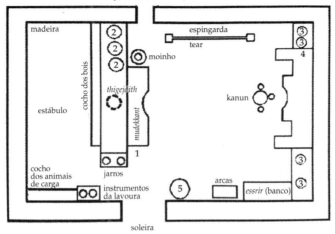

Legendas: 1. Rede de forragem verde; 2. jarros de legumes secos, figos; 3. jarros de grãos; 4. lâmpada, louça, peneira; 5. jarro grande para reserva de água.

Em frente à parede que faz face à porta chamada, na maioria das vezes, pelo mesmo nome que o muro da fachada exterior com vista para o pátio (*tasga*[4]), ou ainda chamada de muro do tear ou muro oposto (dá-se de cara com ele quando se entra), é onde se situa o tear. A parede oposta, aquela da porta, é chamada de parede da escuridão, ou

> ▷ Esse postulado encontra sua validação nos próprios resultados da pesquisa que é empreendida; a posição especial da casa no interior do sistema de representações mágicas e de práticas rituais justifica a abstração inicial pela qual é extraída desse sistema mais vasto de modo a ser tratada como sistema em seu próprio direito.

[4] Com essa exceção, os muros são designados por dois nomes diferentes conforme sejam considerados do exterior ou do interior. O exterior é rebocado pelos homens com uma colher de pedreiro, enquanto o interior é caiado e decorado à mão pelas mulheres. Essa oposição entre os dois pontos de vista é, como veremos, fundamental.

parede do sono, ou da moça, ou do túmulo[5]; um banco grande o suficiente para acomodar uma esteira desenrolada está encostado nessa parede e serve para abrigar o bezerro ou o carneiro da festa, às vezes a lenha ou o jarro de água. As roupas, as esteiras e os cobertores ficam pendurados, durante o dia, em uma cavilha ou em uma viga de madeira, junto à parede da escuridão ou bem arrumados sob o banco de separação. Assim, observemos, a parede do *kanun* se opõe ao estábulo como o alto ao baixo (*adaynin*, estábulo, provém da raiz *ada*, o baixo), e o muro do tear se opõe à parede da porta como a luz às trevas: poderíamos ficar tentados a dar uma explicação estritamente técnica a essas oposições – visto que o muro do tear, situado em frente à porta, ela própria voltada para o leste, é o mais intensamente iluminado, e visto que o estábulo está efetivamente situado mais abaixo, em um nível inferior (a casa sendo construída, na maioria das vezes, perpendicularmente à curva de nível, para facilitar o escoamento da parte líquida do estrume e das águas já usadas) –, se numerosos indícios não sugerissem senão que essas oposições são o centro de feixes de oposições paralelas que não devem jamais toda sua necessidade aos imperativos técnicos e às necessidade funcionais[6].

5 Dizem, a respeito de um pai que tem muitas filhas: "ele se prepara para dias ruins", ou ainda, "a mocinha é a parede da escuridão".

6 A implantação da casa no espaço geográfico e no espaço social, e também sua organização interna, são um dos "lugares" onde se articulam a necessidade simbólica e a necessidade técnica. É talvez nesses casos – onde, como aqui, os princípios da organização simbólica do mundo não podem ser aplicados com toda liberdade e devem, por assim dizer, lidar com restrições externas, as da técnica por exemplo, que impõe que a casa seja construída perpendicularmente às curvas de nível e de frente para o sol nascente (ou, em outros casos, as da estrutura social, que exigem que qualquer casa nova seja construída em um determinado bairro, definido pela genealogia) – que o sistema simbólico desenvolve toda a sua atitude para reinterpretar em sua própria lógica os dados que outros sistemas lhe propõe.

A parte baixa, escura e noturna da casa, lugar dos objetos úmidos, verdes ou crus (jarros de água depositados em bancos de cada lado da entrada do estábulo ou junto à parede da escuridão, madeira, forragem verde), espaço também dos seres naturais (bois e vacas, burros e mulas), das atividades naturais (sono, ato sexual, parto) e também da morte, se opõe, como a natureza à cultura, à parte alta, luminosa, nobre, espaço dos seres humanos e, em particular, do convidado, do fogo e dos objetos feitos no fogo, lâmpada, utensílios de cozinha, espingarda (símbolo do ponto de honra viril [*ennif*] que protege a honra feminina [*ḥurma*]), tear, símbolo de toda proteção, lugar também de duas atividades propriamente culturais que são executadas no espaço da casa, o cozinhar e o tecer. Essas relações de oposição se exprimem através de todo um conjunto de índices convergentes que as fundam ao mesmo tempo que eles recebem delas seu sentido. É diante do tear que se oferece assento ao convidado ao qual se deseja honrar, *qabel*, verbo que significa também encarar e ficar de frente para o leste[7]. Quando alguém foi mal recebido, costumam dizer: "Fizeram com que eu me sentasse diante da parede da escuridão como em um túmulo." A parede da escuridão é também chamada de parede do doente, e a expressão "segurar a parede" significa estar doente e, por extensão, ocioso; com efeito, o leito do doente é armado nesse local, sobretudo no inverno. O vínculo entre a parte escura da casa e a morte

---

7   A oposição entre a parte reservada à recepção e a parte íntima (que na tenda nômade se encontra separada em duas partes, uma aberta aos hóspedes e a outra reservada às mulheres) se exprime em um rito de prognóstico tal como o que se segue: quando um gato, animal benéfico, entra na casa carregando consigo uma pena ou um pedacinho de lã branca e se dirige para a fornalha, isso pressagia a chegada de convidados aos quais se deve oferecer uma refeição que contenha carne; se o gato se dirige para o estábulo, significa que uma vaca será comprada se estiverem na estação da primavera, ou um boi, se estiverem na época da lavoura.

se revela ainda pelo fato de que é na entrada do estábulo que ocorre a lavagem do morto[8]. Tornou-se um hábito dizer que o sótão, totalmente construído em madeira, é carregado pelo estábulo, assim como o cadáver o é pelos carregadores, *tha'richth* designando ao mesmo tempo o sótão e a maca que serve para o transporte dos mortos. Compreende-se ainda que não se poderia deixar de ofender um hóspede ao lhe oferecer como lugar para dormir o sótão, que mantém com o muro do tear a mesma oposição que a parede do túmulo.

É também diante do muro do tear, em frente à porta, em plena luz, que sentam, ou melhor, que expõem, à maneira de pratos decorados suspensos na parede, a jovem noiva no dia do casamento. Quando se sabe que o cordão umbilical da menina está enterrado atrás do tear e que, para proteger a virgindade de uma moça, fazem-na passar através da urdidura, indo da porta em direção ao muro do tear, observa-se a função de proteção mágica que é concedida ao tear[9].

8   A homologia do sono e da morte se exprime de maneira explícita no preceito que quer que por um momento a pessoa se deite sobre o lado direito e depois sobre o lado esquerdo, porque a primeira posição é a do morto na sepultura. Os cantos fúnebres representam o túmulo, "a casa subterrânea", como uma casa invertida (branco/escuro, alto/baixo, adornada com pinturas/grosseiramente escavada), explorando de passagem tal homonímia associada a uma analogia de forma: "Encontrei pessoas cavando um túmulo/ Com sua picareta esculpiram as paredes/ Ali, fizeram bancos (*thidduka-nin*)/ Com argamassa inferior à lama", diz um canto de velório (ver H. Genevoix, *L'Habitation kabyle*, Fort National: Fichier de Documentation Berbère, 1962, p. 27). *Thaddukant* (plural *thiddukanin*) designa o banco encostado na parede de separação e oposto àquele que se apoia na parede de oitão (*addukan*), e também o banco de terra no qual repousa a cabeça do homem na sepultura (a discreta cavidade em que se deposita a cabeça da mulher é denominada *thakwath*, como os pequenos nichos escavados nas paredes da casa, que servem para guardar pequenos objetos).

9   Entre os árabes, para operar o rito mágico da ferragem destinado a tornar as mulheres inaptas às relações sexuais, fazem a noiva passar pela urdidura afrouxada do tear, de fora para dentro, ou seja, do centro do cômodo em direção ao muro junto ao qual trabalham ▸

E de fato, do ponto de vista dos seus parentes masculinos, a vida inteira da menina se resume, de certo modo, nas posições sucessivas que ela ocupa simbolicamente em relação ao tear, símbolo da proteção viril[10]: antes do casamento, ela fica situada atrás do tear, em sua sombra, sob sua proteção, como se fosse colocada sob a proteção do seu pai e dos seus irmãos; no dia do casamento, ela fica sentada diante do tear, dando as costas para ele, em plena luz e, depois disso, senta-se para tecer, de costas para o muro da luz, atrás do artefato; o genro é chamado de "o véu das vergonhas", o ponto de honra do homem sendo a única proteção da honra feminina, ou melhor, a única "barreira" contra a vergonha cuja ameaça está contida em qualquer mulher ("A vergonha é a moça")[11].

A parte baixa e escura também se opõe à parte alta, assim como o feminino ao masculino: além disso, a divisão do trabalho entre os sexos (baseada no mesmo princípio de divisão da organização do espaço) confia à mulher o encargo da maioria dos objetos pertencentes à parte escura da casa – o transporte da água, da lenha e do estrume, por exemplo. A oposição entre a parte alta e a parte baixa reproduz, no interior do espaço da casa, a oposição que se estabelece entre o dentro e o fora, entre o espaço feminino – a casa e seu jardim, lugar por excelência do *ḥaram*, isto é, do sagrado e do interdito – e o espaço masculino[12]. A parte baixa da casa é o lugar do segredo mais íntimo no interior do universo da intimidade, ou seja, de tudo o que concerne à sexualidade e à procriação. Quase

> ▷ as tecelãs; a mesma manobra executada em sentido inverso desfaz o encanto.

10 É. Laoust deriva da raiz *zett* (tecer) a palavra *tazettat*, que entre os berberes de Marrocos designa a proteção concedida a qualquer indivíduo que viaje em território estrangeiro ou a retribuição recebida pelo protetor em troca de sua proteção. (*Mots et choses berbères*, p. 126.)

11 Ver supra, p. 205.

12 Na ocasião de sua primeira entrada no estábulo, a nova parelha de bois é acolhida e conduzida pela dona da casa.

vazia durante o dia, quando todas as atividades – exclusivamente femininas – se concentram em torno da fornalha, a parte escura fica cheia de noite, repleta de humanos e de animais (os bois e as vacas nunca passam a noite do lado de fora, diferente dos mulos e dos asnos), e nunca fica tão cheia, por assim dizer, quanto na estação úmida, quando os homens dormem dentro e os bois e as vacas são alimentados no estábulo. Pode-se aqui estabelecer mais diretamente a relação que liga a fecundidade dos homens e do campo à parte escura da casa, caso privilegiado da relação de equivalência entre a fecundidade e o escuro, o pleno (ou o intumescido) e o úmido atestado pelo conjunto do sistema mítico-ritual. Com efeito, enquanto o grão destinado ao consumo é conservado, como já vimos, em grande jarros de terracota encostados na parede de cima, um de cada lado da fornalha, é na parte escura que fica depositado o grão reservado à semeadura, seja em peles de carneiro ou em baús colocados ao pé da parede da escuridão, às vezes sob o leito conjugal, seja em arcas de madeira colocadas embaixo do banco encostado na parede de separação, onde a mulher, normalmente deitada em um nível inferior, ao lado da entrada do estábulo, vai juntar-se ao marido. Se nos lembrarmos que o nascimento é sempre o renascimento do ancestral, que o nascimento significa o círculo vital (que deve ser denominado *ciclo de geração*) completado a cada três gerações (proposição que não pode ser demonstrada aqui), compreende-se por que a parte escura pode ser ao mesmo tempo e sem contradição o lugar da morte e da procriação ou do nascimento como ressurreição[13].

---

13 A construção da casa, que sempre ocorre na ocasião do casamento de um filho e que simboliza o nascimento de uma nova família, é proibida em maio, assim como o matrimônio. O transporte de vigas, identificadas, como veremos, ao senhor da casa, é denominado *tha'richth*, como o sótão e como a maca em que se transporta o morto ou um animal ferido que será abatido longe da casa, e dá lugar a uma cerimônia social cujo significado é totalmente semelhante ao do funeral. Por seu caráter imperioso, pela forma cerimonial com a qual se reveste e pelo ▸

Há mais: é no centro da parede de separação, entre a "casa dos humanos" e a "casa dos animais", que se encontra erguido o pilar principal, sustentando a viga mestra e toda a estrutura da casa. Agora, a viga mestra, conectando os oitões e estendendo sua proteção da parte masculina até a parte feminina da casa (*asalas alemmas*, termo masculino), é identificada de modo explícito com o senhor da casa, enquanto o pilar principal, tronco de árvore bifurcado (*thigejdith*, termo feminino) sobre o qual a viga mestra repousa, é identificado com a esposa (os Beni Khellili o chamam de *Mas'uda*, nome feminino que significa "a feliz"), seu encaixe simbolizando a cópula (representada nas pinturas murais como a união da viga e do pilar por duas forquilhas sobrepostas)[14]. A viga principal, que suporta o telhado, é identificada com o protetor da honra familiar: ela é, com frequência, objeto de oferendas e é em torno dela, até a fornalha, que se enrola a serpente, "guardiã" da casa: símbolo da potência fecundante do homem e também da morte seguida de ressurreição, ela é às vezes representada (na região de Collo, por exemplo) nos jarros de barro feitos pelas mulheres onde armazenam os grãos a serem semeados. Dizem também que a serpente desce na casa, no colo da mulher estéril, chamando-a de mãe, ou que ela se enrola em torno do pilar central, crescendo em uma espiral depois de cada mamada[15]. Em Darna,

> ▷ tamanho do grupo que mobiliza, esse trabalho coletivo (*thiwizi*) só tem como equivalente um funeral; os homens se entregam aos lugares do corte, depois de terem sido chamados do alto da mesquita como que para um enterro. Espera-se a mesma quantidade de *hassana* (mérito) que há na participação no transporte das vigas – ato piedoso sempre realizado sem contrapartida – quanto há de *hassana* (mérito) na participação de atividades coletivas ligadas aos funerais (cavar a sepultura, extrair as placas de pedra ou transportá-las, ajudar a carregar o caixão ou auxiliar no enterro).

14 M. Devulder, Peintures murales et pratiques magiques dans la tribu des Ouadhias, *Revue africaine*, 1954, p. 14-15.

15 O dia de *tharurith wazal* (8 de abril do calendário juliano), ponto de viragem decisivo do ano agrário, entre a estação úmida e a estação ▶

segundo René Maunier, a mulher amarra sua cinta na viga central; é nessa viga que se pendura o prepúcio e o junco que foi utilizado na circuncisão; quando ouvem essa viga central estalar, apressam-se em dizer "que seja do bem", porque isso pressagia a morte do chefe da família. Ao nascer um menino, fazem votos para que "ele seja a viga mestra da casa", e quando ele realiza o jejum ritual pela primeira vez, toma sua primeira refeição sobre o teto, isto é, sobre a viga central (para que, dizem, ele possa carregar vigas).

Várias adivinhas e ditados identificam explicitamente a mulher ao pilar central: "A mulher é o pilar central." À recém-casada dizem: "Que Deus faça de você o pilar fincado firmemente no centro da casa." Uma outra adivinha diz: "Ela se mantém de pé e não tem pés." Forquilha aberta para cima em vez de colocada sobre pés, ela é a natureza feminina, fecunda, ou melhor, fecundável[16]. Na região de Aurès, é junto ao pilar central (*hiji*) que são empilhados odres cheios de grãos e onde é consumido o casamento[17].

> ▷ seca, o pastor sai bem cedo, de manhã, para pegar água e aspergi-la na viga central; durante as colheitas, o último feixe, cortado de acordo com um ritual especial (ou um par de espigas), é pendurado, para ali permanecer o ano inteiro, na viga central.

16 Da jovem recém-casada que se adapta bem à nova casa diz-se *tha'mmar*, que significa, entre outros sentidos (ver nota 29), "ela está plena" e "ela preenche".

17 Entre os berberes de Aurès, a consumação do casamento ocorre na segunda-feira, quinta ou sábado, dias afortunados. Na véspera, as moças da parte do noivo empilham, junto ao pilar central *hiji*, seis odres tingidos de vermelho, verde, amarelo e roxo (representando a noiva), e um sétimo que é branco (o noivo), todos cheios de grãos. Aos pés de *hiji*, uma velha joga sal para afugentar os maus gênios, finca uma agulha no solo para aumentar a virilidade do noivo e coloca uma esteira voltada para o leste que será o leito dos recém-casados durante uma semana. As mulheres parentes do noivo perfumam *hiji*, enquanto sua mãe lança, como se faz no momento da lavoura, uma chuva de tâmaras que as crianças disputam entre si. No dia seguinte, a noiva é levada por um parente próximo do marido aos pés de *hiji*, onde de novo a mãe joga farinha, tâmaras, trigo tufado, açúcar e mel.

Assim, resumo simbólico da casa, a união de *asalas* e de *thigejdith*, que estende sua proteção fecundante em qualquer matrimônio humano, é de certo modo o casamento primordial, casamento dos ancestrais que é também, assim como a lavoura, o matrimônio do céu e da terra. "A mulher é o alicerce, o homem, a viga mestra", diz um outro provérbio. *Asalas*, que uma adivinha define como "nascido na terra e enterrado no céu", fecunda *thigejdith*, plantado na terra, lugar dos ancestrais, mestres de toda fecundidade, e aberto para o céu[18].

A casa é organizada segundo um conjunto de oposições homólogas: fogo : água :: cozido : cru :: alto : baixo :: luz : sombra :: dia : noite :: masculino : feminino :: *nif* : *ḥurma* :: fecundante : fecundável :: cultura : natureza. Mas, na verdade, as mesmas oposições existem entre a casa em seu conjunto e o resto do universo. Considerada em sua relação com o mundo externo, mundo propriamente masculino da vida pública e do trabalho agrícola, a casa, universo das mulheres, mundo da intimidade e do segredo, é *ḥaram*, quer dizer, ao mesmo tempo sagrada e ilícita para todo homem que não faz parte dela (daí a expressão usual nas prestações de juramento: "que minha mulher, ou minha casa, me torne ilícito – *ḥaram* – se…")[19]. Lugar do sagrado esquerdo, da *ḥurma*, à qual estão vinculadas todas as propriedades associadas à parte escura da casa, ela é colocada sob a salvaguarda do ponto de honra masculino (*nif*), assim como a parte escura da casa é colocada sob a proteção da viga mestra. Qualquer violação ao espaço sagrado toma então o significado social de um sacrilégio: assim, o roubo em uma casa habitada é tratado pelos costumes como uma falta gravíssima, a título de ofensa ao *nif* do chefe da família

---

18 Colocam, em certas regiões, a relha do arado na forquilha do pilar central, com a ponta voltada para a porta.

19 Ver supra, O Senso de Honra, p. 201.

e de ultraje à *ḥurma* da casa e, por extensão, de toda a comunidade[20].

Não há fundamento em se dizer que a mulher fica trancada na casa a menos que se observe, em simultâneo, que o homem é excluído dela, pelo menos de dia. Assim que o sol nasce, o homem deve, no verão, permanecer no campo ou na casa de assembleia; no inverno, se ele não estiver no campo, deve ficar na assembleia ou nos bancos colocados ao abrigo do alpendre que cobre a porta de entrada do pátio. Mesmo de noite, ao menos durante a estação seca, os homens e os meninos, desde que estejam circuncidados, dormem fora da casa, seja próximo das mós, na eira, ao lado do asno e do mulo entravados, seja no secadouro de figos, ou em pleno campo, mais raramente na *thajma'th*[21].

Aquele que permanece muito na casa durante o dia é suspeito ou ridículo: é "o homem da casa", como se diz do chato, do inconveniente, que fica entre as mulheres e "choca na casa como uma galinha em seu ninho". O homem que repete a si próprio deve se oferecer à vista das pessoas, se deslocar o tempo inteiro sob os olhares dos outros, defrontá-los, encará-los (*qabel*). Ele é o homem entre os homens (*argaz yer irgazen*)[22]. Daí a importância que conferem aos jogos de honra, tipo de ação teatral, realizada diante dos outros,

---

20 Sabe-se que o hóspede dá à dona da casa uma soma em dinheiro que é denominada "a visão": ele procede assim não apenas quando é convidado pela primeira vez a uma casa, mas também quando no terceiro dia do casamento visita-se a família da esposa.

21 A dualidade de ritmo ligada à divisão entre a estação seca e a estação úmida se manifesta, entre outras coisas, na ordem doméstica; a oposição entre a parte inferior e a parte superior da casa toma a forma, no verão, da oposição entre a casa propriamente dita, onde as mulheres e as crianças se retiram para dormir e onde são armazenadas as reservas, e o pátio, onde estão instalados a fornalha e o moinho manual, onde são servidas as refeições e onde ocorrem as festas e cerimônias.

22 A relação entre os homens deve ser forjada fora, ao ar livre: "Os amigos são os amigos do fora e não os do *kanun*."

espectadores avisados que conhecem o texto e todos os jogos de cena e são capazes de apreciar as mínimas variantes. Compreende-se que todas as atividades biológicas – comer, dormir, procriar – sejam banidas do universo propriamente cultural e relegadas ao asilo da intimidade e dos segredos da natureza que é a casa[23], mundo da mulher, consagrada à gestão da natureza e excluída da vida pública. Por oposição ao trabalho do homem, realizado fora, o trabalho da mulher é condenado a permanecer obscuro e escondido ("Deus o oculta", dizem): "Dentro, ela nunca para, ela se debate como uma mosca no soro de leite, fora (em cima), não aparece nada do seu trabalho." Dois ditados muito semelhantes definem a condição da mulher, que não conheceria outra estadia a não ser o túmulo supraterrestre que é a casa e a casa subterrânea que é o túmulo: "Sua casa é seu túmulo"; "a mulher só tem duas residências, a casa e o túmulo".

Assim, a oposição entre a casa e a assembleia dos homens, entre a vida privada e a vida pública, ou, se se preferir, entre a plena luz do dia e o segredo da noite, recobre com muita exatidão a oposição entre a parte baixa, escura e noturna da casa, e a parte alta, nobre e luminosa[24]. A oposição que se estabelece entre o mundo externo e a casa só toma seu sentido completo se nos apercebermos que um dos termos dessa relação, isto é, a casa, é ele próprio dividido segundo os mesmos princípios que o opõem ao outro termo. É, portanto, a um só tempo verdadeiro e falso dizer que o mundo externo se opõe à casa, assim como o masculino ao feminino, o dia à noite, o fogo à água etc., uma vez que o segundo

---

23 "As galinhas não botam ovos no mercado", dizem.

24 A oposição entre a casa e a *thajma'th* é lida claramente na diferença entre os projetos das duas construções: enquanto a casa se abre pela porta do muro da fachada, a casa de assembleia se apresenta como uma longa passagem coberta, inteiramente aberta aos dois oitões, pela qual se atravessa de um lado ao outro.

termo dessas oposições se divide a cada vez em si mesmo e em seu oposto[25].

Em suma, a mais aparente das oposições – masculino (ou dia, fogo etc.)/feminino (ou noite, água etc.) – corre o risco de esconder a oposição masculino/[feminino-masculino/feminino-feminino] e, em simultâneo, a homologia masculino/feminino :: feminino-masculino/feminino-feminino. Observa-se por aí que a primeira oposição é apenas uma transformação da segunda, que supõe a mudança do sistema de referência no final do qual deixamos de opor o feminino-feminino ao feminino-masculino para opor o conjunto que eles constituem a um terceiro termo: feminino-masculino/feminino-feminino → feminino (= feminino-masculino + feminino-feminino)/masculino.

Microcosmo organizado conforme as mesmas oposições e as mesmas homologias que ordenam todo o universo, a casa mantém uma relação de homologia com o resto do universo; porém, de um outro ponto de vista, o mundo da casa tomado em seu conjunto está em uma relação de oposição com o resto do mundo, cujos princípios não são outros a não ser aqueles que organizam tanto o espaço interior da casa quanto o resto do mundo e, mais geralmente, todos os domínios da existência. Assim, a oposição entre o mundo da vida feminina e o mundo da cidade dos homens repousa sobre os mesmos princípios dos dois sistemas que ela confronta. Segue que a aplicação aos domínios opostos do *principium divisionis* que constitui sua oposição mesma assegura uma economia e um aumento de coerência, sem provocar, em contrapartida, a confusão entre esses domínios. A estrutura do tipo a:b :: b1:b2 é, sem dúvida, uma das mais simples e das mais poderosas que um sistema mítico-ritual pode utilizar, visto que ela não pode opor sem unir simultaneamente, sendo

---

25 Essa estrutura é encontrada de novo em outros domínios do sistema mítico-ritual, por exemplo, na estrutura do dia e do ano.

capaz ainda de integrar em uma ordem única um número infinito de dados, pela simples aplicação indefinidamente reiterada do mesmo princípio de divisão. Segue ainda que cada uma das duas partes da casa (e, na mesma linha, cada um dos objetos que ali estão depositados e cada uma das atividades que ali são cumpridas) é de alguma forma qualificada em dois níveis, seja primeiramente como feminina (noturna, escura etc.), enquanto participa do universo da casa, e secundariamente como masculina e feminina, enquanto pertencente a uma ou a outra das divisões desse universo. Assim, por exemplo, quando o provérbio diz "o homem é a lâmpada de fora, a mulher é a lâmpada de dentro", é preciso entender que o homem é a verdadeira luz, aquela do dia, e a mulher é a luz da escuridão, a luz obscura; e sabemos, além disso, que ela é em relação à lua o que o homem é em relação ao sol. Da mesma forma, por meio do trabalho com a lã, a mulher produz a proteção benéfica da tecelagem, cuja brancura simboliza a felicidade[26]; o tear, instrumento por excelência da atividade feminina, erguido de frente para o leste, assim como o arado, seu homólogo, é, ao mesmo tempo, o leste do espaço interior, de tal modo que ele tem, dentro do sistema da casa, um valor masculino como símbolo de proteção. Do mesmo modo também a fornalha, umbigo da casa (ela própria associada ao ventre de uma mãe), onde se mantém a brasa, fogo secreto, oculto, feminino, é o domínio da mulher, investida de autoridade total no que diz respeito a tudo o que concerne à cozinha e à gestão das reservas[27]; é junto da fornalha que ela faz suas refeições, enquanto o homem, voltado para o fora, come no centro do cômodo ou no pátio. Todavia, em todos os ritos em que intervêm, a fornalha e as pedras que a cercam extraem sua eficácia mágica,

---

26 Os "dias brancos" designam os dias felizes. Uma das funções dos ritos de casamento é tornar a mulher "branca" (aspergindo leite etc.)

27 O ferreiro é o homem que, como a mulher, passa o dia inteiro do lado de dentro, junto ao fogo.

que tem a ver com a proteção do mau-olhado ou das doenças e com a obtenção de bom tempo, de sua participação na ordem do fogo, do seco e do calor solar[28]. A própria casa é dotada de dupla significação: se é verdade que ela se opõe ao mundo público como a natureza à cultura, ela é também cultura sob outro aspecto; não se diz do chacal que ele é a encarnação da natureza selvagem, que ele não constrói lar?

A casa e, por extensão, a aldeia[29], o país cheio (*la'mmara* ou *thamurth i'amaran*), o recinto povoado por homens, se opõem, em um certo aspecto, aos campos esvaziados de homens chamados de *lakhla*, o espaço vazio e estéril; assim, segundo Maunier, os habitantes de Taddertel-Djeddid acreditavam que aqueles que constroem fora dos muros da aldeia se expõem à extinção de sua família; a mesma crença é encontrada alhures, com exceção feita apenas ao jardim, mesmo que ele esteja longe da casa (*thabḥirth*), ao pomar (*thamazirth*) ou ao secador de figos (*tarḥa*), lugares que participam, de certo modo, da aldeia e de sua fecundidade. Mas a oposição não exclui a homologia entre a fecundidade dos homens e a fecundidade do campo, que são, ambas, produto da união entre o princípio masculino e o princípio feminino, entre o fogo solar e a umidade terrestre. Na verdade, é essa

---

28 A fornalha é o local de um certo número de ritos e objeto de interditos que a tornam o oposto da parte escura. Por exemplo, é proibido tocar nas cinzas durante a noite; não é permitido cuspir na fornalha, deixar cair água ou derramar lágrimas nela (Maunier). Da mesma forma, os ritos destinados a obter uma mudança de clima e baseados em uma inversão utilizam a oposição entre a parte seca e a parte úmida da casa: por exemplo, para passar do úmido ao seco, coloca-se um batedor para tear de pente liço (objeto forjado pelo fogo e associado à tecelagem) e uma brasa ardente sobre a soleira durante a noite; inversamente, para passar do seco ao úmido, asperge-se água no batedor e no pente de cardar, na soleira, durante a noite.

29 A aldeia também tem a sua *ḥurma*, que qualquer visitante deve respeitar. Da mesma forma que se deve tirar os sapatos para entrar em uma casa, em uma mesquita ou em uma eira, deve-se desmontar de uma cavalgadura e colocar os pés no chão quando se entra em uma aldeia.

homologia que está por trás da maioria dos ritos destinados a assegurar a fecundidade dos humanos e da terra, quer se trate da cozinha, estritamente sujeita às oposições que organizam o ano agrário e, por isso, aos ritmos do calendário agrícola, quer se trate dos ritos de renovação da fornalha e das pedras (*iniyen*) – que marcam a passagem da estação seca à estação úmida, ou o início do ano – e, mais geralmente, de todos os ritos cumpridos no interior da casa, imagem reduzida do topocosmo: quando as mulheres intervêm nos ritos propriamente agrários, trata-se ainda da homologia entre a fecundidade agrária e a fecundidade humana, forma por excelência de toda fecundidade, que funda suas ações rituais e lhe confere sua eficácia mágica.

Não terminaríamos de enumerar os ritos cumpridos no interior da casa que só têm a aparência de ritos domésticos porque tendem indissociavelmente a assegurar a fecundidade do campo e a fecundidade da casa. É preciso, com efeito, que a casa esteja cheia para que o campo fique cheio e que a mulher contribua para a prosperidade do campo, dedicando-se, entre outras coisas, a acumular, a economizar e a conservar os bens que o homem produziu, e a fixar, por assim dizer, na casa, qualquer bem que ali possa entrar. "O homem", dizem, "é como o canal, a mulher, como um dique", um traz, o outro retém e conserva. O homem é "o gancho no qual os cestos são pendurados", o provedor, como o escaravelho, a aranha ou a abelha. O que o homem trouxe, a mulher arruma, protege e poupa. É a mulher quem diz: "Trate sua propriedade como um tição. Existe hoje, existe amanhã, existe o túmulo. Deus perdoa aqueles que pouparam, não aqueles que comeram." Falam ainda: "Mais vale uma mulher poupadora que uma parelha de bois na lavoura." Assim como o "país cheio" se opõe ao "espaço vazio" (*lakhla*), a "abundância da casa" (*la'mmara ukham*), isto é, na maioria das vezes, "a velha" que poupa e acumula, se opõe ao vazio da casa (*lakhla ukham*), quase sempre a nora[30]. No verão, a porta da casa deve permanecer aberta o dia inteiro para que a luz fecundante do sol possa penetrar e, com ela, a prosperidade. A porta fechada significa escassez e esterilidade: sentar-se na soleira significa, ao obstruí-la, fechar a passagem à felicidade e à plenitude. Para desejar prosperidade a alguém, diz-se: "que sua porta permaneça aberta" ou "que sua casa esteja aberta como uma mesquita". O homem rico e generoso é aquele de quem se comenta: "sua casa é uma mesquita, está aberta a todos, pobres e ricos, ela é de torta e de cuscuz, ela está cheia" (*tha'mmar*); a generosidade é uma manifestação da prosperidade que garante a prosperidade. A maioria das ações técnicas e rituais que incumbem às mulheres são orientadas pela intenção objetiva de fazer da casa, à maneira de *thigejdith*, que abre sua forquilha a *asalas alemmas*, o receptáculo da prosperidade que lhe advém de fora, o ventre que, assim como a terra, acolhe a semente que o macho nele lançou, e, inversamente, de frustrar a ação de todas as forças centrífugas capazes de desapossar a casa do depósito que foi confiado a elas, as mulheres. Por exemplo, é proibido dar fogo no dia do nascimento de uma criança ou de um bezerro, ou ainda durante as primeiras lavras[31]; no fim da debulha, nada deve sair da casa, e a mulher traz de volta para dentro todos os

30 Em se tratando de uma mulher, *'ammar* significa ser econômica e boa dona de casa; significa também começar um lar e estar cheio. A *'ammar* se contrapõe aquele de quem se diz *ikhla*, homem perdulário, mas também estéril e isolado, ou ainda *enger*, celibatário e estéril, ou seja, em certo sentido, selvagem, incapaz, como o chacal, de começar um lar.

31 Ao contrário, a entrada de novas pedras da fornalha na casa, nas datas inaugurais, significa preenchimento, introdução de bondade e bem-estar. Além disso, as previsões feitas nessas circunstâncias dizem respeito à prosperidade e fecundidade; se se encontra um verme branco embaixo de uma das pedras, significa que haverá um nascimento durante o ano; uma grama verde, sinal de boa colheita; formigas, um aumento do rebanho; um tatuzinho, novas cabeças de gado.

objetos emprestados; o leite dos três dias subsequentes ao parto não deve sair da casa; a noiva não pode ultrapassar a soleira antes do sétimo dia depois do seu casamento; a parturiente não deve deixar a casa antes do quadragésimo dia; o bebê não deve sair antes do Aïd Seghir; o moinho manual nunca deve ser emprestado, e deixá-lo vazio é atrair a fome para dentro da casa; não se deve tirar do tear a peça que está sendo tecida antes que esta esteja pronta; da mesma forma que os empréstimos de fogo, a varrição, ato de expulsão, é proibida durante os quatro primeiro dias das lavouras; a saída do morto é "facilitada" a fim de que ele não leve consigo a prosperidade[32]; as "primeiras saídas", por exemplo, da vaca, no quarto dia após o parto, ou do soro de leite, são marcadas pelos sacrifícios[33]. O "vazio" pode resultar de um ato de expulsão; ele também pode se introduzir com certos objetos como o arado, que não deve entrar na casa entre duas jornadas de lavoura, ou os calçados do lavrador (*arkassen*), que estão associados a *lakhla*, ao espaço vazio, ou com certas pessoas, como as velhas, porque elas trazem consigo a esterilidade (*lakhla*) e porque numerosas são as casas que elas fizeram vender ou nelas introduziram ladrões.

Ao contrário, muitos atos rituais visam assegurar o "preenchimento" da casa, como aqueles que consistem em jogar nos alicerces, sobre a primeira pedra, depois de terem derramado o sangue de um animal, os fragmentos de uma

---

32 Para consolar alguém, dizem: "Ele vai te deixar a *baraka*", se se trata de uma grande pessoa, ou "a *baraka* não saiu da casa", se se trata de um bebê. O morto é colocado perto da porta, a cabeça voltada para a porta; a água é aquecida do lado do estábulo e a lavagem é feita na entrada do estábulo; as brasas e as cinzas desse fogo são espalhadas fora da casa; a tábua que serviu para lavar o morto permanece durante três dias diante da porta; depois do enterro, são fincados três pregos na porta, que ali ficam de sexta-feira até o sábado seguinte.

33 A vaca deve passar por cima de uma faca e de feijões depositados na soleira; gotas de leite são vertidas na fornalha e na soleira.

lâmpada de casamento (cuja forma representa uma cópula e desempenha um papel na maioria dos ritos de fecundidade), ou aqueles que prescrevem fazer com que a noiva se sente, no momento de sua entrada na casa, em um odre cheio de grãos. Toda e qualquer primeira entrada na casa é uma ameaça à plenitude do mundo interior que os ritos da soleira, ao mesmo tempo propiciatórios e profiláticos, devem conjurar: a nova parelha de bois é recebida pela dona da casa (*thamgharth ukham*), isto é, como vimos, a "abundância da casa" (*la'mmara ukham*), que coloca sobre a soleira a pele de carneiro onde se deposita o moinho manual e que recebe a farinha (*alamsir*, também chamado de "a porta das provisões", *bab errazq*). A maioria dos ritos destinados a levar fecundidade ao estábulo e, por aí, à casa (dizem, "uma casa sem vaca é uma casa vazia") tendem a reforçar magicamente a relação estrutural que une o leite, o verde-azulado (*azegzaw*, que é também o cru, *thizegzawth*), a grama, a primavera, a infância do mundo natural e do homem; no equinócio de primavera, quando do retorno do *azal*, o jovem pastor, que participa duplamente do crescimento do campo e do rebanho, por sua idade e função, colhe, para pendurar na verga da porta, um buquê de "tudo o que o vento agita na campanha" (com exceção do louro-rosa, utilizado mais frequentemente para fins profiláticos e nos ritos de expulsão, e da cila, que marca a separação entre os campos); enterram também um ramalhete contendo cominho, benjoim e índigo na soleira do estábulo, dizendo: "Ó verde-azulado (*azegzaw*), faça com que a manteiga não diminua!" Penduram na batedeira de manteiga plantas recém-colhidas e esfregam essas plantas nos utensílios destinados a receber o leite[34].

34 Também se deposita, por vezes, na vasilha que receberá o leite uma pedra apanhada pelo jovem pastor quando ele ouviu o cuco pela primeira vez e que ele colocou sobre a sua própria cabeça. Acontece também de o leite ser tirado através do anel onde se introduz o cabo da picareta ou que se jogue uma pitada de terra na vasilha.

A entrada da noiva é, mais que todas, carregada de consequências para a fecundidade e abundância da casa; enquanto ela ainda está sentada sobre o mulo que a transportou desde a casa do seu pai, ela é presenteada com água, grãos de trigo, figos, nozes, ovos cozidos ou bolinhos fritos polvilhados de açúcar, e tantas outras coisas (quaisquer que sejam as variantes conforme os lugares) associadas à fecundidade da mulher e da terra, e ela joga tudo isso na direção da casa, fazendo-se assim preceder, por assim dizer, pela fecundidade e abundância que ela deve levar à casa[35]. Ela cruza a soleira carregada nas costas de um parente do esposo ou às vezes, segundo Maunier, nas costas de um negro (nunca, em caso algum, nas costas do esposo) que, ao se interpor, intercepta as forças malignas, capazes de afetar sua fertilidade, da qual a soleira, ponto de encontro entre mundos opostos, é a sede; uma mulher nunca deve se sentar próximo da soleira segurando seu filho no colo; a criança pequena e a mulher recém-casada não devem pisar nela com muita frequência.

Dessa maneira, a mulher, por meio de quem a fecundidade chega à casa, contribui, por sua vez, para a fecundidade do mundo agrário; dedicada ao mundo do dentro, ela também atua no fora ao garantir a abundância no lado de dentro e ao controlar, a título de guardiã da soleira, essas trocas sem contrapartida que só a lógica da mágica pode conceber e pela qual cada uma das partes do universo pretende receber da outra apenas o cheio, enquanto não lhe oferece mais que o vazio[36].

Mas um ou outro dos dois sistemas de oposição que definem a casa, seja em sua organização interna, seja em sua

---

35 Podem ainda borrifá-la com água ou fazê-la beber água e leite.

36 Na porta, são pendurados diversos objetos que têm em comum manifestar a dupla função da soleira, barreira seletiva, encarregada de interromper a entrada do vazio e do mal, ao mesmo tempo deixando entrar o cheio e o bem, e predispondo à fecundidade e à prosperidade tudo o que transpõe a soleira em direção ao externo.

relação com o mundo externo, se encontra elevado ao primeiro plano conforme consideremos a casa do ponto de vista masculino ou do ponto de vista feminino: enquanto para o homem a casa é menos um lugar onde se entra do que um lugar de onde se sai, a mulher só pode conferir a esses dois deslocamentos, e às diferentes definições da casa que são solidárias a eles, uma importância e uma significação inversas, visto que o movimento em direção ao fora consiste para ela, antes de tudo, em atos de expulsão, e os movimentos em direção ao dentro, isto é, da soleira à fornalha, são de sua própria responsabilidade. O significado do deslocamento em direção ao fora não pode ser visto com mais clareza do que no exemplo do rito cumprido pela mãe, no sétimo dia depois do nascimento, "para que seu filho seja corajoso": transpondo a soleira, ela pousa o pé direito sobre o pente de cardar e simula um combate com o primeiro garoto que ela encontra. A saída é o movimento propriamente masculino, que conduz a outros homens, e também aos perigos e provas que se acredita ser importante *enfrentar* como um homem tão áspero, quando se trata da honra, quanto as pontas do pente de cardar[37]. Sair, ou, mais exatamente, abrir (*fataḥ*) é o equivalente de "estar de manhã" (*sebaḥ*). O homem que se respeita deve sair da casa desde o momento em que o dia desponta, a saída de casa, logo pela manhã, significando um nascimento: daí a importância das coisas encontradas que pressagiam ao longo do dia inteiro, de modo que é melhor, em caso de um encontro ruim (com um ferreiro, uma mulher carregando um odre vazio, gritos ou discussões, um ser disforme), "refazer sua manhã" ou "sua saída". Por exemplo, um homem digno, consciente de suas responsabilidades, deve levantar-se cedo: "Quem não conclui de manhã cedo seus afazeres, nunca os concluirá."; ou ainda "O *ṣuq*, é a manhã";

37 Ao nascer, a menina é envolvida em um lenço de seda e o menino é envolto nos laços secos e ásperos que servem para amarrar os feixes colhidos.

"Quem dorme até metade do *azal* (momento mais quente, ao meio-dia) encontrará o mercado deserto." Em qualquer caso, a manhã é o momento da decisão, a noite é consagrada ao repouso. A manhã tem relação de homologia com a sorte, o bem, a luz. "A manhã", dizem, "é a facilidade." Levantar-se de manhã bem cedo significa colocar-se sob augúrios favoráveis (*laftaḥ*, a abertura de bom augúrio). Aqueles que se levantam cedo estão protegidos de encontros que trazem infortúnio; aquele que se põe por último a caminho pelas ruas ou estradas, ao contrário, não pode ter outra companhia a não ser o zarolho, que espera a plena luz do dia para partir, ou o coxo, que acaba ficando para trás. Levantar-se com o canto do galo significa colocar seu dia sob a proteção dos anjos da manhã e render graças a eles; significa, por assim dizer, colocar-se em estado de graça, representa a garantia de que os "anjos decidam em seu nome".

Compreende-se portanto a importância que é dada à orientação da casa: a fachada da casa principal, aquela que abriga o chefe de família e comporta um estábulo, está quase sempre orientada em direção ao leste; a porta principal – por oposição à porta estreita e baixa, reservada às mulheres, que se abre para o jardim, na parte de trás da casa – comumente recebe o nome de porta do leste (*thabburth thacherqith*) ou ainda porta da rua, a porta de cima, a grande porta[38]. Dada a exposição das aldeias e a posição inferior

---

38 Nem é preciso dizer que uma orientação inversa (aquela que pode ser notada ao se olhar pela transparência a planta da casa) é possível, ainda que rara. Falam explicitamente que o que vem do oeste traz infortúnio, e uma porta voltada para essa direção não pode receber mais que escuridão e esterilidade. Na verdade, se o plano inverso do plano "ideal" é raro, é porque, antes de mais nada, as casas secundárias, quando dispostas em ângulo reto em torno do pátio, são com frequência simples salas de estar, desprovidas de cozinha e de estábulo, e porque o pátio muitas vezes é fechado, do lado oposto à fachada da casa principal, pela parte de trás da casa vizinha, ela mesma com a face voltada para o leste.

do estábulo, a parte alta da casa, com a fornalha, encontra-se ao norte, o estábulo ao sul e o muro do tear ao oeste. Segue que o deslocamento pelo qual se dirigem em direção à casa para entrar nela é orientado de leste para oeste, em oposição ao movimento pelo qual dela se sai, conforme a orientação por excelência, para o leste, isto é, para o alto, a luz, o bom e o bem; o lavrador orienta seus bois em direção ao leste no momento de atrelá-los e quando irá desatrelá--los, e ele começa a lavrar partindo do oeste em direção ao leste; da mesma forma, os ceifeiros se dispõem de frente à *qibla*, e é de frente para o leste que se abate o boi do sacrifício. Não conseguiríamos dar fim à enumeração das ações executadas conforme a orientação cardinal, ou seja, todas as ações de importância que envolvem a fecundidade e a prosperidade do grupo[39]. Se voltarmos agora à organização interna da casa, observaremos que sua orientação é exatamente inversa daquela do espaço externo, como se ela tivesse sido obtida por uma meia rotação em torno do muro da fachada ou da soleira tomada como eixo. O muro do tear, com o qual as pessoas se defrontam tão logo cruzam a soleira, e que é diretamente iluminado pelo sol da manhã, é a luz de dentro (como a mulher é a lâmpada de dentro), isto é, o leste de dentro, simétrico ao leste exterior, do qual ele extrai sua claridade por empréstimo[40]. A face

---

39 Sabe-se que os dois *ṣuf*, ligas políticas e guerreiras que se mobilizam a partir do momento em que um incidente está prestes a explodir (e que mantêm relações variáveis, indo da superposição à dissociação completa, com as unidades sociais baseadas no parentesco), eram denominadas *ṣuf* do alto (*ufella*) e *ṣuf* do baixo (*buadda*), ou *ṣuf* de direita (*ayafus*) e *ṣuf* de esquerda (*azelmadh*), ou ainda *ṣuf* do leste (*acherqi*) e *ṣuf* do oeste (*aghurbi*), esta última denominação menos usual, tendo sido conservada para designar os campos dos jogos rituais (cujos combates tradicionais entre os *ṣuf* mantinham sua lógica) e sobrevivendo hoje no vocabulário dos jogos infantis.

40 Lembremos que é do lado do tear, parte nobre da casa, que o senhor da casa recebe (*qabel*) seu hóspede.

interna e escura do muro da fachada representa o oeste da casa, lugar de dormir, que é deixado para trás quando se avança da porta para o *kanun*, a porta correspondendo simbolicamente à "porta do ano", início da estação úmida e do ano agrário. E, do mesmo modo, as duas paredes de oitão, o muro do estábulo e a parede da fornalha recebem dois sentidos opostos dependendo se a pessoa considera uma ou outra de suas faces: ao norte exterior corresponde o sul (e o verão) do interior, ou seja, o lado da casa que se tem diante de si e à sua direita quando se entra, dando--se de cara com o tear; ao sul exterior corresponde o norte (e o inverno) interior, isto é, o estábulo, situado atrás e à esquerda quando a pessoa se dirige da porta para a fornalha[41]. A divisão da casa em uma parte escura (lados oeste e norte) e uma parte iluminada (lados leste e sul) corresponde à divisão do ano em uma estação úmida e uma estação seca. Em suma, a cada face externa do muro (*essur*) corresponde uma região do espaço interior (o que os cabilas designam por *tharkunt*, isto é, aproximadamente, o lado), que tem um sentido simétrico e inverso no sistema de oposições internas; cada um dos dois espaços pode, portanto, ser definido como a classe dos movimentos efetuando um mesmo deslocamento, ou seja, uma meia rotação, em relação ao outro, com a soleira constituindo o eixo de rotação. Não poderíamos compreender totalmente o peso e o valor simbólico que são atribuídos à soleira no sistema se não notássemos que ela deve sua função de fronteira mágica ao fato de ser o palco de uma inversão lógica e que, na qualidade de lugar de passagem e de encontro obrigatório entre os dois

41 É preciso, portanto, juntar os quatro pontos cardeais e as quatro estações à série de oposições e de homologias apresentadas acima (o pertencimento e a adequação desses significados ao sistema mítico-ritual em seu conjunto sendo, aliás, demonstráveis); ... cultura : natureza :: leste : oeste :: sul : norte :: primavera : outono :: verão : inverno.

espaços, definidos em relação aos movimentos do corpo e aos trajetos socialmente qualificados[42], ela é logicamente o local onde o mundo se inverte[43].

Dessa maneira, cada um dos universos tem seu Oriente, e os dois deslocamentos mais carregados de significações e de consequências mágicas – o deslocamento da soleira à fornalha, que deve trazer a abundância e cuja efetuação ou controle ritual cabe à mulher, e o deslocamento da soleira ao mundo externo que, por seu valor inaugural, envolve tudo o que será do futuro e em particular o futuro do trabalho agrário – podem ser cumpridos de acordo com a orientação benéfica, isto é, do oeste para o leste[44]. A dupla orientação do espaço da casa faz com que qualquer um consiga tanto entrar como sair da casa com o pé direito, no sentido literal e no sentido figurado, com todo o benefício mágico ligado a essa observância, sem que nunca seja rompida a relação que une a direita ao alto, à luz e ao bem. A meia rotação do espaço em torno da soleira garante, portanto, se me permitem a expressão, a maximização do benefício mágico, visto que o movimento centrípeto e o movimento

---

42 Em certas regiões da Cabília, a jovem esposa e um menino circuncidado (na ocasião da mesma festa) devem se cruzar na soleira.

43 Compreende-se por isso que a soleira esteja associada, direta ou indiretamente, aos ritos destinados a determinar uma inversão do curso das coisas ao operar uma inversão das oposições fundamentais, aos ritos destinados a obter a chuva ou o bom tempo, por exemplo, ou àqueles que são praticados nas soleiras entre períodos (por exemplo, a noite anterior *En-nayer*, o primeiro dia do ano solar, quando amuletos são enterrados na soleira da porta).

44 A correspondência entre os quatro cantos da casa e os quatro pontos cardeais se exprime claramente em certos ritos propiciatórios observados em Aurès: quando da renovação da fornalha, no dia do Ano Novo, a mulher chaouïa assa bolinhos fritos polvilhados de açúcar, divide o primeiro cozido em quatro pedaços, que ela joga em direção aos quatro cantos da casa. Ela faz a mesma coisa com o prato ritual do primeiro dia da primavera. (Ver Mathéa Gaudry, *La Femme chaouïa de l'Aurès*, Paris: Librairie Orientaliste L. Geuthner, 1928, p. 58-59).

centrífugo são realizados em um espaço assim organizado pelo qual se entra de frente para a luz e de onde se sai de frente para a luz[45].

A casa no mundo reverso:

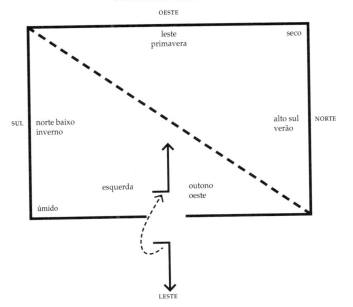

[45] Tentaremos demonstrar, em outro lugar, que a mesma estrutura é encontrada na ordem do tempo. Mas para mostrar que sem dúvida se trata de uma forma muito geral do pensamento mágico, basta um outro exemplo, bem parecido: os árabes do Magrebe tomam por um bom sinal, relata Ben Cheneb, o fato de um cavalo ter a perna direita da frente e a perna posterior esquerda da cor branca: o dono de um cavalo como esse não pode deixar de ser feliz, já que monta em direção ao branco e desmonta também em direção ao branco (saibam que os cavaleiros árabes montam pela direita e desmontam pela esquerda). (Ver Ben Cheneb, *Proverbes arabes d'Alger et du Maghreb*, t. III, Paris: Leroux, 1905-1907, p. 312.)

Esses dois espaços simétricos e inversos não são intercambiáveis mas sim hierarquizados, o espaço interior não sendo mais do que precisamente a imagem invertida, ou o reflexo em um espelho, do espaço masculino[46]. Não é por acaso que só a orientação da porta é explicitamente prescrita, a orientação do espaço nunca sendo apreendida de maneira consciente e menos ainda desejada como tal pelos sujeitos[47]. A orientação da casa é primordialmente definida do exterior, do ponto de vista dos homens e, por assim dizer, pelos homens e para os homens, como o lugar de onde saem os homens. "Uma casa prospera através da mulher; seu exterior é belo através do homem." A casa é um império em um império, mas que sempre permanece subordinada porque, mesmo quando apresenta todas as propriedades e todas as relações que definem o mundo arquetípico, continua um mundo às avessas, um reflexo invertido[48]. "O homem é a lâmpada de fora, a mulher é a lâmpada de dentro." A aparência de simetria não deve iludir: a lâmpada do dia só aparentemente é definida por relação à lâmpada da noite; na verdade, a luz noturna, masculino feminino, permanece ordenada pela, e subordinada à, luz diurna, à lâmpada do dia, isto é, ao dia do dia. "O homem espera em Deus, a mulher espera tudo do homem." Dizem ainda, "A mulher é retorcida como uma foice"; motivo pelo qual a mais direita dessas naturezas esquerdas nunca é mais do que endireitada. A mulher casada também encontra seu Oriente no interior da casa do homem, mas que é apenas

---

46 O espelho desempenha um grande papel nos ritos de inversão, em particular nos ritos para obter bom tempo.

47 Isso explica por que esse esquema sempre escapou aos observadores, mesmo os mais atentos.

48 No espaço interior também as duas partes opostas são hierarquizadas. Ou seja, ao lado dos índices já citados, o ditado: "Mais vale uma casa cheia de homens que uma casa cheia de bens [*el mal*]", isto é, de gado.

a inversão de um ocidente: não dizem "a moça é o Ocidente"? O privilégio conferido ao movimento para o fora, pelo qual o homem se afirma como homem ao dar as costas para a casa a fim de enfrentar aos homens, escolhendo o caminho do Oriente do mundo, é somente uma forma de recusa categórica da natureza, origem inevitável do movimento para se afastar dela.

Este livro foi impresso na cidade de São Bernardo do Campo,
nas oficinas da Paym Gráfica e Editora, em abril de 2021,
para a Editora Perspectiva